Liberto do Cárcere

Livro Baseado em Fatos Reais do Cotidiano, Reflexivo e de Autoajuda

José Braga Falcão Neto

Liberto do Cárcere

Livro Baseado em Fatos Reais do Cotidiano, Reflexivo e de Autoajuda

© 2018, Madras Editora Ltda.

Editor:
Wagner Veneziani Costa

Produção e Capa:
Equipe Técnica Madras

Revisão:
Ana Paula Luccisano
Jaci Albuquerque de Paula
Neuza Rosa

Dados Internacionais de Catalogação na Publicação (CIP)
(Câmara Brasileira do Livro, SP, Brasil)

Falcão Neto, José Braga   Liberto do cárcere : livro baseado em fatos reais do cotidiano, reflexivo e de autoajuda / José Braga Falcão Neto. -- São Paulo : Madras Editora, 2018.

ISBN 978-85-370-1141-6

1. Autoajuda 2. Desenvolvimento humano 3. Espiritualidade 4. Ficção brasileira 5. Liberdade 6. Reflexões 7. Relatos pessoais I. Título.

18-16461   CDD-869.8

Índices para catálogo sistemático:

1. Reflexões : Literatura brasileira   869.8
Iolanda Rodrigues Biode - Bibliotecária - CRB-8/10014

É proibida a reprodução total ou parcial desta obra, de qualquer forma ou por qualquer meio eletrônico, mecânico, inclusive por meio de processos xerográficos, incluindo ainda o uso da internet, sem a permissão expressa da Madras Editora, na pessoa de seu editor (Lei nº 9.610, de 19/2/1998).

Todos os direitos desta edição reservados pela

MADRAS EDITORA LTDA.
Rua Paulo Gonçalves, 88 – Santana
CEP: 02403-020 – São Paulo/SP
Caixa Postal: 12183 – CEP: 02013-970
Tel.: (11) 2281-5555 – Fax: (11) 2959-3090
www.madras.com.br

Dedicatória

Ao dedicar um livro a alguém ou a algumas pessoas, dedicamos momentos de reflexões e pensamentos, um pensar individual que será coletivizado quando da publicação da obra.

Portanto, mais do que dedicar o livro, quero dedicar meus pensamentos, não apenas à intenção de fomentar o saber, mas, acima de tudo, ao sentimento de carinho e amor que nutro por meus pais, minha irmã, meu sobrinho, minha esposa, minha filha e minha tia Fátima. Enfim, por todos os meus familiares e amigos.

Agradeço a Deus pela possibilidade da obra realizada e ao mesmo tempo rogo para que esse Pai misericordioso possibilite, além do saber, que eu possa buscar saber amar universalmente, espalhando e expandindo esse meu carinho e amor por todos os meus semelhantes, que um dia quero chamar indistintamente de irmãos, como fez Jesus.

Dessa forma, utilizo uma frase de Chico Xavier para dedicar este livro mais ao amor do que ao saber:

"QUEM SABE PODE MUITO, MAS QUEM AMA PODE MUITO MAIS".

O pensamento só se tornará completo se conseguir decifrar a grandeza do sentimento daquele que sabe amar.

Índice

Prefácio 9
Introdução 11
Capítulo I – Personagens 13
1.1 – Personagens 14
1.2 – Do Sonho de Infância e das Barreiras
Impostas para Alcançá-lo 14
1.3 – Da Faculdade e do Sonho da Formatura
o Vestibular e a Partida 18
1.4 – A Chegada e a Faculdade 20
1.5 – Ensinamento para a Vida, além
dos Bancos Acadêmicos 25
1.6 – Os Companheiros de Jornada 26
1.7 – A Lição Vinda por meio do Amigo 30
1.8 – O Transcurso da Faculdade
e a Prática das Lições Acadêmicas 33
1.9 – A Palestra do Juiz 34
Capítulo II – Ensino religioso 39
2.1 – Da Religiosidade do Jovem Acadêmico 40
2.2 – Conhecendo a Doutrina Espírita 43
Capítulo III – Da doença do corpo físico 50
3.1 – A Perda Parcial da Visão 51
Capítulo IV – Do cárcere do sequestro 63
4.1 – A Perda da Liberdade pelo Sequestro 64
4.2 – Do Estágio 64

4.3 – Da Opção de Diversão e da Violência Urbana 65
4.4 – Da Preparação para a Violência que Viria a Sofrer.............. 66
4.5 – O Primeiro Aviso 69
4.6 – Na Véspera do Sequestro 72
4.7 – O Segundo Aviso 73
4.8 – O Caminho até o Cativeiro.. 78
4.9 – A Chegada ao Cativeiro 80
4.10 – O 1º Dia no Cativeiro 81
4.11 – O 2º Dia no Cativeiro 84
4.12 – O 3º Dia no Cativeiro 87
4.13 – O 4º Dia no Cativeiro 90
4.14 – O 5º Dia no Cativeiro 93
4.15 – O 6º Dia no Cativeiro 95
4.16 – O 7º Dia no Cativeiro 99
4.17 – O 8º e Derradeiro Dia no Cativeiro................................. 101
Capítulo V – Libertação do cárcere físico 110
5.1 – Da Libertação 111
5.2 – Do Retorno para o Seio Familiar 113
5.3 – Da Chegada à Casa de Sua Tia-Mãe................................. 124
5.4 – A Viagem para a Terra Natal 130
5.5 – Os Dias após a Libertação... 138
5.6 – O Dia da Partida 142
5.7 – Do Retorno para a Faculdade... 143
**Capítulo VI – Da continuação do sonho
e o cárcere do medo** 146
6.1 – Do Início das Aulas na Faculdade 147
6.2 – Do Tratamento Psicológico Aliado
ao Tratamento Espiritual 148
6.3 – Do Término da Faculdade
e da Concretização do Sonho 150
Capítulo VII – Das conclusões.. 152
7.1 – Conclusão do Autor 153
7.2 – Conclusão do Leitor 154

PREFÁCIO

Escrever o prefácio de um livro não é tarefa das mais fáceis, uma vez que o prefaciador vê-se na incumbência de não somente captar aquilo que o texto, em si mesmo, exprime, mas também de assimilar o íntimo do autor. É que ao simples texto, sem a compreensão do que se manifesta a partir da alma do autor, pode-se deixar o prefácio incompleto ou deturpado.

No presente caso, isso não pesa tanto assim, tendo-se em vista que se nos apresenta uma obra escrita com clareza e de forma bastante leve. Na verdade, essas duas qualidades são típicas do estilo que encontramos no trabalho que ora nos apresentamos a prefaciar. Dispõe o autor de uma capacidade imensa de transmitir tudo que pretende dizer, sem que isso lhe cause – ou ao leitor – qualquer sacrifício na total compreensão do conteúdo da obra.

Por outro lado, o autor detém uma memória consideravelmente apurada, a ponto de conseguir reter pormenores assaz diminutos de tudo quanto interessa considerar em seu trabalho, tornando-se pleno de observações aptas a fazê-lo um livro sem aspectos falhos ou lacunosos. Aliás, dispõe o escritor da obra de uma tal pureza de explanação que, embora seja ele espírita e este prefaciador católico praticante, nada impede que redija o presente prefácio, pois choques de religiosidade não despontam ocorríveis na tarefa aqui estampada, de uma feita que inexistem passagens em que o prefaciador tenha de aderir às convicções religiosas do autor.

Trata o livro de uma situação real de rapto – ou, como se tem o costume de denominar, de sequestro –, em que um jovem estudante se vê envolvido, como vítima, da maneira mais inesperada possível. Foram oito longos dias de pressão psicológica e de ameaças persistentes, mas que o sequestrado, conquanto incorrendo nas vacilações inerentes a uma circunstância lamentável como essa, soube resistir, sobretudo por sua fé nos arrimos de sua sobrenaturalidade.

Depois de longas negociações, o resgate exigido chegou a um nível alcançável pelos pais do jovem estudante. Têm-se, aqui, detalhes em que não incorrerá este escrito, porquanto não se constituem em pontos típicos de um prefácio. Tampouco se faz necessário serem relatados, pois o conteúdo do livro disserta exatamente a respeito disso. O que urge assinalar é a felicidade com que o autor da obra se desfaz de suas pretensões autorais: com retidão, veracidade e completa ausência de qualquer resquício de ódio àqueles que o vitimaram.

Aqueles que se dedicarem a ler esta obra de José Braga Falcão Neto somente vantagens auferirão. É que terão oportunidade de ver como, das situações mais vexatórias e infelizes, é possível perceber que a permissão de Deus para que tais coisas se verifiquem somente pode ser interpretada pelos meandros da sabedoria divina. Uma verdade é certa: a justiça e a bondade do Onipotente não falham jamais, ainda quando não saibamos o modo como funcionam.

Raimundo Bezerra Falcão

Introdução

O título de um livro diz, em poucas palavras, tudo que o volume leva várias páginas para explicar ao leitor. Por isso a escolha desse nome deve levar em conta a ideia central do texto.

Além disso, deve chamar a atenção do pretenso leitor, ou como dizem os marqueteiros: impressionar/impactar os olhos, aguçar os ouvidos, estimular os sentidos, acentuando a mente das pessoas.

Essa é a causa que impulsiona uma pessoa a escolher esse ou aquele livro, em meio a tantos outros exemplares, em uma livraria ou uma biblioteca, por exemplo. É o fato de esse sujeito ficar curioso para saber qual a explicação pormenorizada que o autor trará para o título de sua obra. A partir daí é que irá tornar-se leitor de determinada obra.

Por acreditar que o livro começa a ser devorado pela fome de atração que o título traz para a leitura é que iniciamos este escrito, trazendo o significado das palavras que compõem seu título.

Consultar um bom dicionário de língua portuguesa, qualquer que seja ele, atividade que fica a cargo da preferência de cada leitor, que irá ou poderá fazer essa pesquisa ao iniciar a leitura deste texto: esse é o nosso primeiro convite aos navegantes que nos acompanharão nesta curiosa história. Vamos lá: consultem um dicionário.

Eu já consultei o meu dicionário online pelo *site*: <www.priberam.pt>, que traz os seguintes significados:

LIBERTO É:

1. Diz-se do escravo que se libertou ou que foi libertado.
2. Livre, solto.
3. Desobrigado (de alguma obrigação).

DO É:

Uma preposição.

Preposição é uma palavra invariável que liga dois elementos da oração, subordinando o segundo ao primeiro, ou seja, o regente e o regido. Isso significa que a preposição é o termo que liga substantivo a substantivo, verbo a substantivo, substantivo a verbo, adjetivo a substantivo, advérbio a substantivo, etc.

CÁRCERE É:

1. Lugar destinado à prisão; cadeia.
2. Laço, obstáculo.
3. **Cárcere privado:** lugar onde ilegalmente um particular conserva alguém preso.

Após analisar os significados dos termos que compõem o título deste alfarrábio, tiro minha primeira impressão sobre o livro, crendo que esta obra irá falar de alguém que foi libertado de uma prisão.

Mas que prisão é essa? Quem foi libertado? Esta é uma história real ou fictícia? Quais os personagens desta história? Essas perguntas serão explicadas, e a resposta cada um descobrirá ao final da narração.

Só mais um detalhe crucial, na realidade um conselho que o leitor plantará agora e colherá nas últimas folhas deste livro: cada palavra tem seu exato significado de acordo com o sentir de cada pessoa, por isso sugeri que cada leitor fizesse sua própria pesquisa no glossário da língua portuguesa e, principalmente, no dicionário do ser.

As respostas que este livro trará dependem dos sentimentos, da percepção de cada leitor. Com a leitura do texto, vamos passar então a entender os motivos criadores dessas perguntas, para encontrarmos em cada um de nós as melhores respostas.

A melhor conclusão sempre será a que provir exclusivamente do coração, desde que esse coração seja abrigo dos resíduos dos bons sentimentos.

Capítulo I
Personagens

1.1 – Personagens

Como dito anteriormente, o desenrolar deste texto depende dos sentimentos; cada um traz sua própria carga sentimental, portanto os personagens deste livro podem ser: eu, você, tu, eles, elas, nós todos. Não teremos nesse conto personagens com nomes.

O importante é que o leitor possa se imaginar dentro ou fora desta narrativa. Raciocine, reflita a cada instante deste texto, pergunte-se "se fosse eu nesta situação, como agiria? Será que reagiria? Apenas iria olhar perplexo sem saber o que fazer? Ou teria uma rápida e pronta solução?".

1.2 – Do Sonho de Infância e das Barreiras Impostas para Alcançá-lo

As realizações de uma vida começam por um sonho, por um querer, por uma vontade maior que qualquer obstáculo. O querer impulsiona o pensamento, a transformação do pensar em agir realiza o sonho. Com o nosso personagem não foi diferente, tudo começou em uma sala de aula que transcendeu os muros da escola.

Nessa época, o personagem principal desta narrativa ainda era uma criança, tinha cerca de dez anos, morava em uma pequena cidade do interior do Ceará. Como já fora explicado, os personagens deste enredo não têm nomes. Dessa forma, neste momento da narrativa chamaremos nossa figura principal de menino estudante, por conta da sua pouca idade.

Pois bem, o menino estudante saiu de sua casa em direção à escola, que não ficava distante de sua residência, ia mesmo andando e em poucos passos já estava lá. Naquele dia, teria aulas de português e história, matérias que ele adorava.

A sala de aula já estava completa, não era uma turma grande, apenas 23 alunos que ali estudavam e estavam à espera do professor, que exatamente às 13 horas adentrou o local informando à classe que a aula daquele dia seria diferente. A diferença tratava-se do fato de que todos os alunos seriam levados pelo professor para assistir a um júri popular, no fórum judiciário da pequena cidade interiorana.

Os alunos estavam entusiasmados com a possibilidade de vivenciar um aprendizado tão diferente e inesperado para todos. A grande maioria ansiava por entender o que era um júri popular, dessa forma não demoraram a perguntar ao professor do que se tratava um júri popular.

O professor, que já havia participado, em certa feita, como jurado popular, foi logo esclarecendo:

– O que vocês, crianças, irão presenciar hoje é o julgamento de uma pessoa que está sendo acusada de matar uma jovem aqui em nossa cidade. São cinco os personagens que atuarão de forma bem distinta nesse tribunal; são eles: o Acusado – que ficará sentado no banco dos réus e que terá seu destino decidido pela liberdade ou pela prisão; o Promotor – que terá o papel de acusar; o Advogado – que terá o papel de defender; os Jurados, em um número total de sete – que terão o papel de julgar o acusado como inocente ou culpado; e o Juiz – que irá coordenar todo o trabalho e, ao final, proferir a sentença de acordo com a decisão do grupo de jurados.

Dessa breve explicação, o menino estudante, que ouviu tudo atentamente e admirado, já tirou suas primeiras conclusões, dialogando em pensamento consigo mesmo: "Hoje terei a oportunidade de ver como os profissionais do Direito atuam, e como tenho muita admiração pela profissão de advogado, vou prestar atenção a todos os detalhes, quem sabe poderei me decidir, ao alcançar a maioridade, a seguir a profissão de advogado ou não!".

Mas uma dúvida inicial torturava aquele pequeno ser: "Quer dizer que o advogado só defende? O promotor só acusa? E o juiz só julga? Se for assim, como eles fazem para saber se realmente estão fazendo a justiça?".

Chegando ao fórum local, o menino estudante visualizou a cena que lhe acompanharia dali por diante como algo definitivo em sua vida, enxergou a atuação da justiça em sua plenitude, rapidamente buscou identificar os cinco personagens que o professor havia relatado, e do semblante de cada um tentou extrair alguns ensinamentos.

O Acusado estava cabisbaixo refletindo toda a angústia da indecisão que o momento fomentava.

Os Jurados estavam com semblantes receosos, demostrando o desconforto de estarem naquela posição de julgar o destino de uma pessoa.

O Juiz, muito calmo, apenas organizava os últimos detalhes para o início da sessão.

O Advogado aparentava confiança.

O Promotor tinha um semblante de convicção.

Analisando esses dois últimos personagens, o menino voltou a se indagar: "Como o Advogado e o Promotor sabem e têm a certeza de que devem defender e acusar, respectivamente, será que eles não imaginam estarem cometendo uma injustiça, por exemplo, acusando um inocente ou defendendo um culpado?".

Começou o julgamento, foram ouvidas algumas testemunhas. O Acusado também falou e se disse inocente, chorando muito. Os Jurados acompanhavam tudo atentamente, tentando entender a história em sua mais pura verdade para julgarem de consciências tranquilas.

Pelo que foi descrito no relatório do processo, o caso era de difícil resolução, uma vez que não houve testemunha ocular da morte ocorrida. Pairava no semblante da grande maioria dos presentes a dúvida, não se sabia ao certo se o acusado teria empurrado a vítima, que caiu de uma enorme altura, ou se a vítima teria escorregado e caído sozinha.

O Juiz, que coordenava tudo, asseverou que iria abrir um espaço para que o Promotor de Justiça falasse sobre a tese acusativa.

O nosso personagem esperava ansioso para ouvir quais os motivos que a acusação tinha para ter certeza de que o Acusado era culpado.

O Promotor, após cumprimentar o Juiz, o Advogado de defesa, os Jurados e todos os presentes, falou em alto e bom som:

– Verifiquei todo o processo, não consegui constatar em momento algum prova de que o Acusado tenha realmente cometido o crime. Dessa forma, para que possa chegar ao fim deste dia e poder deitar tranquilamente a minha cabeça no travesseiro e dormir, usando das faculdades que o meu cargo atribui-me, e mais do que isso, fazer a justiça, porque estou aqui para promovê-la, não poderei jamais acusar este jovem homem que ora está no banco dos réus. Assim, para cumprir a minha função de promover a justiça, peço aos Jurados a absolvição do Acusado.

O menino estudante, diante daquela atitude, percebeu que o Direito é buscar fazer a justiça, nem que seja com a inversão dos papéis; o Acusador pedir a absolvição para não correr o risco de cometer injustiças.

Essa lição tocou fundo o pequeno coração do atento aluno, e a possibilidade de se buscar fazer a justiça em qualquer circunstância foi algo decisivo para que aquela criança pudesse deliberar quanto à profissão que queria para sua vida.

O julgamento, é óbvio, findou-se com a absolvição do Acusado. Mas a lição recebida marcou o início do sonho daquela criança.

Será que uma criança, tão cedo, pode definir a escolha de sua profissão? Ou tratava-se de mais uma ilusão provinda da inocência da tenra idade? Será que podemos concretizar sonhos que nasceram ainda na infância? Ou estes se perderão com o tempo?

Analisando a realidade em que aquela criança estava inserida, não seria fácil concretizar o sonho almejado por inúmeros motivos, que seriam: o menino morava em uma pequena cidade, com uma educação ainda muito pouco desenvolvida. Dessa forma, seria muito difícil para ele vencer a concorrência que o vestibular exigia para o curso de Direito. Mesmo que conseguisse passar no vestibular, teria ainda um logo caminho para se afirmar como um bom advogado no mercado de trabalho.

Nessa rápida análise, percebemos facilmente mais dificuldades para concretizar o sonho do que facilidades, mas isso poderia ceifar o direito que aquele jovem tinha de sonhar?

Essa resposta cabe ao dono do sonho.

Você, caro leitor, que sonha em conseguir algo que julga impossível ou de difícil concretização, prefere tolher seu direito de sonhar ou continuar vivendo e sonhando? Qualquer um de nós poderá escolher não mais sonhar, porque as circunstâncias da vida na qual estamos inseridos não nos possibilitam essa faceta, ou poderemos optar por ultrapassar barreiras e concretizar sonhos?

O menino estudante, mesmo que em alguns momentos duvidando de si mesmo e achando que não conseguiria, preferiu continuar idealizando o seu sonho, buscando concretizá-lo a todo custo.

1.3 – Da Faculdade e do Sonho da Formatura:

o Vestibular e a Partida

O cotidiano e suas mudanças. A vida não é feita de uma linha reta, possui curvas, subidas, descidas, constâncias, inconstâncias. O interessante é que todas as situações vividas se entrelaçam e, ao final, tudo se encaixa de uma forma tal que passa a ter sentido. Nada é em vão, tudo tem um sentido, mesmo que desconhecido.

Analisando nossas vidas, vamos perceber que as curvas existem como pontos de interseções daquelas situações vividas em épocas e espaços diferentes, que imaginávamos distantes, mas que são interligadas, pois fazem parte de um grande aprendizado – A VIDA.

A vida de qualquer um de nós é contínua. As quedas de hoje são aprendizados de amanhã, e assim sucessivamente. Vivendo, apreendemos aquilo de que necessitamos. Dessa forma, todos os detalhes das nossas existências são importantes. As particularizações desta história são relevantes, pois compõem uma história real do cotidiano. As minúcias são peças que montam o grande quebra-cabeça da vivência.

Vamos perceber neste relato que nada é por acaso e que, se você, leitor, analisar sua vida, vai concordar que não existem coincidências.

Nossa história de concretização do sonho da formatura daquele menino como advogado começa no ano de 2002, no mês de junho, quando aquela criança, já crescida, transformou-se em um jovem aluno com cerca de 20 anos de idade e prestou o vestibular para o curso de Direito, em uma faculdade sediada na capital cearense – Fortaleza –, sendo aprovado.

Antes da aprovação, o estudante já havia nesse mesmo ano tentado outros quatro vestibulares, todos sem êxito, passava muito perto, mas não conseguia. E quando já estava para desistir, no último resultado recebido, justamente naquele que todos julgavam como o mais difícil, veio a notícia da admissão.

Para aquele jovem, o curso de Direito, mais do que uma oportunidade de crescimento pessoal e profissional – ingressar nos ambientes da faculdade –, era a realização de um sonho.

O título de bacharel em Direito abre um leque enorme de possibilidades, pois um operador do Direito pode exercer inúmeras profissões; como muitos sabem, pode ser advogado, desde que inscrito nos quadros da OAB; prestando concurso público pode ser: delegado, juiz, promotor, procurador, diplomata, defensor público, etc. É inegável que essa profissão exerce um fascínio, não só pelo *status* que traz, como também pelos altos salários que proporciona.

Mas nem o fascínio nem o dinheiro, nem muito menos o *status*, deslumbravam mais esse jovem estudante do que a beleza da argumentação, o poder das palavras, o fazer a justiça com dignidade. Era a possibilidade de, por meio de sua profissão, representar e ajudar àqueles que não têm seus anseios atendidos, dentro de uma sociedade em que impera a lei do mais forte; e as palavras, por vezes, têm muito pouco sentido diante do ao poder econômico, sendo a advocacia a aplicação viva das palavras em busca da justiça.

Foi assim que esse jovem rapaz, que agora será chamado jovem acadêmico, saiu de sua pequena e pacata cidade no interior do Ceará rumo a Fortaleza, com muitos anseios na bagagem sentimental, na bagagem material nada de grande valor, apenas algumas roupas e livros.

No momento da partida, a saudade consumia seu ser, quase que invadindo e impedindo o seu sonho, chegando a fazê-lo desistir, lágrimas caindo foram enxugadas por seus pais, que diziam:

– Fortaleza é bem ali, sempre que tiver um feriado prolongado você poderá visitar sua terra natal.

Assim foi uma despedida que apenas separou os corpos, que agora estavam em cidades diferentes, mas os sentimentos que o jovem acadêmico possuía não partiram, permanecendo com ele todos os ideais, e o sonho estava intacto.

A pequena cidade onde o jovem acadêmico nasceu, além de pacata, era muito humilde, tendo a agricultura como base da economia com um clima ameno acolhia muito bem todos os visitantes.

Bem diferente de uma grande cidade como Fortaleza, com um clima praiano, muito calor, belas praias e muitos atrativos culturais: cinemas, teatros, shoppings e inúmeras oportunidades profissionais e educacionais.

Foi em busca de melhores oportunidades na educação que o acadêmico interiorano chegou à capital do seu Estado.

A adaptação seria o primeiro obstáculo a vencer.

Nesse instante, nem o medo nem o receio fizeram o jovem recuar diante de seu sonho. O terrível sentimento do medo poderia nesse momento ter aprisionado o sonho, o impedindo de tentar realizá-lo.

Nem só de grades é feito o cárcere, muitas prisões estão na ordem dos sentimentos, que impedem as ações. O medo e o receio são espécies de prisões que limitam sonhos.

Quantas vezes nos deixamos aprisionar por sentimentos que limitam nossos sonhos? Será que os sonhos rompem todos os cárceres?

1.4 – A Chegada e a Faculdade

A grandiosidade daquela cidade, em primeiro momento, espantou o jovem acadêmico, acostumado a andar pelas ruas e ser reconhecido por todos que o cumprimentava pelo nome, já que na cidade pequena onde nascera o costume é esse.

Nas grandes metrópoles é cada um por si, é uma grande aglomeração de pessoas, que mesmo apertadas em um ônibus lotado não transmitem o calor aconchegante de um sincero bom-dia carinhoso.

A nova moradia era um pequeno apartamento, que traduzia bem a expressão "apertamento". Trancafiado por muitas grades, portões, cadeados, tinha naquele ambiente uma tranquilidade, sendo um local propício para o estudo, já que morava praticamente sozinho, sem ninguém para incomodar com barulho.

Disse praticamente sozinho, pois morava com o jovem acadêmico amigo seu, que também cursava Direito, mas em outra faculdade, motivo pelo qual seus horários eram diferentes e eles conviviam pouco, apesar de morarem na mesma casa. Além disso, essa convivência durou cerca de um ano apenas, momento em que o colega do jovem acadêmico mudou-se para morar em outro local.

O que merece destaque é que o jovem acadêmico vivia em um local agradável, com boas condições de habitação para o intuito pretendido, que já sabemos era a dedicação integral ao estudo. A família lhe mandava todo o necessário, não faltavam alimentação, dinheiro para transporte, a mensalidade da faculdade era paga rigorosamente em dia; na parte de assistência material nada lhe faltava.

O que sentia falta era apenas da carinhosa convivência familiar, sendo a solidão outro obstáculo que podia lhe atrapalhar. Mas não foi o que aconteceu, pelo contrário, lhe favoreceu. Mesmo sendo imposta, lhe propiciava todo o ambiente necessário para o estudo árduo, visando ao maior e melhor aprendizado.

Outra barreira enfrentada foi o início da faculdade, pois estava em um ambiente totalmente estranho, rodeado de pessoas desconhecidas, algo que foi muito difícil, já que, àquela época, o jovem tinha medo do desconhecido. Essa situação não lhe passava confiança, retraía-lhe, aquele adversário poderia realmente derrubá-lo.

A noite que antecedeu o primeiro dia de aula nos bancos acadêmicos foi na realidade uma penúria de angústias, tudo isso pelo medo do novo mundo que iria enfrentar.

As perguntas eram várias e as respostas escassas ou quase nenhuma, a não ser aquela convicção que lhe fizera chegar até ali, que não foi outra senão a seguinte: "Para alcançar meu sonho preciso enfrentar com coragem o caminho que me é mapeado e apresentado".

Tinha o mapa para chegar à formatura, que se chamava cursar a faculdade, mas as dúvidas resistiam em permear o ser desse jovem: "Será que vou conseguir? Como fazer para ser um bom profissional? Como serão meus colegas de curso? Pessoas solícitas e companheiras ou mesquinhas e arrogantes? Irei conseguir acompanhar os conteúdos ministrados? E os professores serão compreensivos ou carrascos?".

Envolto em pensamentos ansiosos, viu que os primeiros raios de sol daquele dia, ainda desconhecido, trouxeram-lhe uma certeza inabalável: esse era o primeiro dia da realização do seu sonho ou pesadelo? Só iria saber quando tivesse contato com o novo mundo da faculdade. Não queria desistir, mas receava fraquejar.

As horas do dia avançavam, mais próxima a noite ficava, em pouco tempo as respostas iniciais viriam com as primeiras impressões que esse jovem iria digerir, refletir e poder dar o veredicto: se o ambiente acadêmico era bom ou ruim.

Para 18h40 estava marcado o início da aula, bem antes disso o jovem começou os preparativos com um lanche leve: pão, uma fatia de queijo e café com leite, já havia tomado um banho refrescante e só faltava trocar a roupa.

Ainda eram 15h30, mas rapidamente vestiu a roupa que escolhera para sua aula inaugural: uma calça *jeans*, um tênis e uma camiseta, todas as peças já usadas, nada de novo, nem de especial, afinal o importante era o encontro com o saber.

Antes de sair da sua residência, fez o que fazia desde quando sua mente consegue lembrar: desde a infância, antes de sair suas aulas do ensino infantil, até os dias atuais, o que já era um hábito, talvez uma crença ou um apego religioso; mas que se traduzia de forma bem simples: ajoelhar-se no local da casa que mais lhe trazia aconchego e tranquilidade, elevar seu pensamento ou dos seus três grandes companheiros, Jesus, Maria ou Santo Expedito, e pediu para que um deles intercedesse junto ao Criador para que lhe possibilitasse ter, se possível fosse, uma aula repleta de aprendizado.

E naquele dia, em especial, pediu também o alívio para as angústias que o momento pré-início de faculdade lhe causavam. Ao final, rezou um PAI-NOSSO, uma AVE-MARIA e um SANTO ANJO. E, assim, seguiu rumo às respostas, ou pelo menos a algumas delas.

Os passos se apressaram para chegar à parada de ônibus, lá chegando não demorou a passar o veículo de transporte urbano que fazia a linha conjunto Ceará/Aldeota, nele embarcando.

No trajeto, a grandiosidade daquela cidade diferia, e muito, do percurso que fazia lá no interior para chegar à escola, e a comparação foi inevitável. O medo do novo voltou a habitá-lo. Muitos prédios, trânsito intenso, sobreviver naquela selva de pedras já era um enorme desafio.

Foi cerca de uma hora o tempo que demorou para chegar ao seu destino. Quando desceu na parada em frente à faculdade, ainda era o período da tarde, cerca de 17 horas, bem cedo para a aula que começaria depois, só com o cair do crepúsculo.

Todo tempo era importante; esse primeiro momento em que percebia visualmente o lugar onde iria passar cinco anos da sua vida rumo à formatura serviu para que buscasse simpatizar com o ambiente, que era muito distinto do que ele passou a noite a imaginar, mas que era o caminho a percorrer.

No prédio da faculdade, estavam apenas alguns funcionários, pois fora ele o primeiro aluno a chegar. Procurando saber qual seria sua sala de aula, dirigiu-se até o local indicado, viu pela pequena vidraça da porta que todas as cadeiras estavam vazias, teve a oportunidade de escolher em qual lugar iria se sentar, preferiu a segunda cadeira, da quinta fileira, bem no cento da sala, para não perder nenhum momento das lições que ali seriam ministradas.

Para esperar o início da aula resolveu ir conhecer a biblioteca, ficou envolto aos livros por algum tempo até perceber que já faltavam apenas 10 minutos para a aula inaugural do curso. Dirigiu-se então à sua sala.

Abriu a porta e visualizou alguns de seus colegas, todos pareciam bem ambientados com aquele lugar, no qual ele ainda estava bem deslocado; as únicas palavras que pronunciou foi um tímido boa-noite, alguns responderam educadamente, outros ignoraram. Voltou ao seu silêncio inquietante, pois permeado de pensamentos, não ousou balbuciar nenhuma outra palavra.

A sala já estava lotada, muitos alunos e muito mais ansiedade, pois esse parecia ser o sentimento reinante naquele momento, todos ansiavam pelo começo. No exato instante marcado para o iniciar-se de uma nova jornada, a porta se abriu, adentrando na sala, três figuras: o dono da faculdade, a diretora da instituição e um professor.

Aquelas três pessoas, em pé na frente daquele jovem falaram, desejaram boas-vindas, mas em particular as palavras do professor lhe chamaram a atenção.

Antes, porém, das palavras é necessário descrever as impressões do jovem acadêmico ao vislumbrar aquele professor: não se tratava de uma pessoa jovem, pelo contrário, era um ser já bem envelhecido, aparentemente mais de 65 anos, o que traduzia uma enorme experiência, e ao mesmo tempo cativou o espírito daquele jovem, que sempre teve muita afeição pelos idosos e em particular por suas histórias de vida, as quais buscava escutar sempre que possível.

Outro ponto que merece destaque é que aquele professor não iria ministrar nenhuma cadeira da faculdade, ele era apenas um professor emérito daquela instituição.

Bem, aquele velho professor começou seu discurso dizendo o que se segue:

– Quem aqui quer ser um grande advogado? Quem aqui está cheio de angústias diante do novo? Quem aqui passou a noite matutando como seria o início desta faculdade? Quem aqui se perguntou em algum momento: "será que eu vou conseguir?".

O professor parecia que falava exclusivamente para aquele jovem, personagem deste nosso romance. Com toda certeza aquelas indagações eram partes das suas angústias que lhe fizeram perder o sono na noite passada.

Prosseguindo, o docente falou:

– Eu tenho a resposta para todas essas perguntas, se vocês querem verdadeiramente ser grandes advogados precisam de uma única atitude: ESTUDEM TODO DIA, UTILIZEM TODOS OS MOMENTOS POSSÍVEIS PARA ESTUDAR.

Alguns dos alunos balbuciaram em tom de desdém, dizendo:

– Isso todo mundo sabe, conte algo novo.

Mas para o nosso jovem acadêmico aquela era a resposta que ele pediu a Deus antes de sair de casa em direção àquela aula.

Ali surgiu no coração daquela criatura a certeza de que ele poderia, mesmo diante das dificuldades, aprender. Foi como se a cortina das angústias caíssem diante de si e seu olhar agora fosse pleno e desembaraçado; surgia o alívio.

Ele agora tinha o mapa e o veículo para seguir, não seria fácil, mas era possível alcançar o objetivo.

Esse foi o momento do plantio, que semeou uma certeza em seu coração e na sua consciência: de que era possível um jovem inexperiente, vindo do interior, cheio de medos e receios, vencer pela honestidade do estudo.

E você, leitor, já se perguntou: Pode-se acreditar que a honestidade do estudo pode levar a conquistas inimagináveis?

Cada um de nós reagirá de forma diferente diante das situações da vida, pois dentro de nossas individualidades, enxergamos a vida de ângulos diferentes. Qual seria sua interpretação dessa lição proposta por esse velho professor? Iria plantar ou descartar essa semente?

1.5 – Ensinamento para a Vida, além dos Bancos Acadêmicos

A descrença da maioria dos alunos daquela sala de aula, sobre as palavras do velho professor, não poderíamos precisar qual foi, uma vez que o motivo exato só aqueles outros alunos poderiam dizer, mas o nosso jovem personagem interpretou como um desdém – da parte de seus colegas – por não compreenderem a amplitude daqueles ensinamentos.

Em verdade, nem o nosso jovem acadêmico conseguiu naquele momento alcançar a magnitude total daquele ensino, mas aquilo que ele capitou já foi o bastante para as suas condições de aprendiz.

Com o passar do tempo e com o transcorrer da faculdade, o sublime daquela transmissão de ensinamento ficou como que gravado no ser, não apenas na memória, mas também no espírito daquele jovem.

Não havia um só dia que, ao acordar, o jovem acadêmico não tivesse como primeiro pensamento aquele ensinamento: ESTUDEM TODO DIA, UTILIZEM TODOS OS MOMENTOS POSSÍVEIS PARA ESTUDAR.

Essa foi a resposta que Deus, por meio de seus benfeitores, mandou para aquele jovem. Era disso que ele precisava naquele momento, ele captou, guardou e agradeceu bastante aquela lição.

Aquele velho professor ultrapassou os limites físicos daquela instituição de ensino, foi além da sala de aula, alcançou o patamar de professor da vida.

Quantas vezes temos em nossa vivência a oportunidade de receber lições de vida? Em qualquer ambiente em que estejamos poderemos receber essas lições, mas em nem todas as oportunidades estamos despertos para acolher o ensinamento e saber reconhecê-lo. Quem são nossos professores da vida? Quantas vezes desperdiçamos as lições propostas?

O primeiro dia de aula da faculdade foi intenso, o jovem retornava para sua casa refletindo sobre tudo que ali se passara. Assim findava-se sua primeira lição.

A próxima noite passou de forma bem mais tranquila em relação à passada, principalmente porque nessa o sono veio. Dormiu de maneira serena e sonhou livremente, alçou voos inimagináveis, tudo isso por conta do seu estado de espírito naquele instante.

A lição recebida trouxe motivação e positividade, era tudo do que precisava para começar sua caminhada.

Ao acordar, percebeu que a intensidade da primeira lição permanecia no seu ser, começou a colocá-la em prática, dedicou-se ao estudo tanto quanto pôde e já, nesse momento, entendeu a segunda lição: colocando em prática a primeira lição, ou seja, estudando, sentiu que o aprendizado não cessa jamais, que deveria cultivar esse ato de forma incessante para toda vida, além da faculdade, além do trabalho, além da idade, estude e apreenderá.

A cada manhã, mais uma possibilidade, mais uma matéria, que requeria esforço, sinceridade e autorreflexão para se aproveitar as oportunidades.

O despertar necessita de trabalho para se concretizar, a lição se consolida com exercício.

Nesse instante, o jovem acadêmico, que estava prestes a ser aprisionado pelo cárcere do medo, reencontrou a liberdade nos ensinamentos daquele professor. Apenas um incentivo foi capaz de trazer a liberdade plena para lutar e não deixar o medo atrapalhar.

1.6 – Os Companheiros de Jornada

Quem de nós nunca se sentiu sozinho, quanto mais em uma cidade grande. Apesar de se ver muitas pessoas, o convívio não aquece o coração, em muitas ocasiões, em meio à multidão, a alma pede um pouco mais de atenção.

Os dias se passavam, as primeiras lições da faculdade eram ministradas. Livros e mais livros, teorias, ideias novas, outras nem tanto, muitos ensinamentos e bastante esforço para concretizar o aprendizado.

O jovem acadêmico chegou a mais uma constatação: o estudo é algo individual e solitário. Mas essa era uma solidão a qual ele não poderia temer, pois ela era necessária para a construção do conhecimento.

Chegou a época mais temida para os alunos, o período de provas.

Nesse período, depois de certo tempo de estudo solitário, seria bom para aquele jovem acadêmico estar inserido em um grupo de estudos, no qual poderia tirar suas dúvidas, aguçar suas percepções, saber onde teria e poderia melhorar, enfim, seria uma discussão que contribuiria para a consolidação do ensino.

Mas esse era um entrave, até aquele momento não tinha feito nenhum amigo na faculdade. Esse jovem tinha muita facilidade e aptidão para os estudos, adorava adquirir conhecimento, mas era muito tímido e introspectivo, tinha muita dificuldade de se abrir para pessoas desconhecidas e fazer novas amizades.

Contudo sentia em seu ser que precisava, realmente necessitava, de amigos, colegas, gente para conversar, mas como faria isso?

Foi então que teve uma ideia: no dia da primeira prova resolveu ir mais cedo para a faculdade, chegou lá ainda no período da tarde, cerca de 15 horas, na esperança de encontrar algum grupo de estudo em que ele pudesse se inserir.

Chegando ao *campus*, andou por algumas salas, mas não viu nenhum aluno reunido em grupo para estudar, até que no espaço da cantina, em umas das muitas mesas de pedra que existiam naquele lugar, visualizou alguns de seus colegas de sala divididos em pequenos grupos a debater a matéria de estudo para a prova.

Fez uma breve avaliação e começou a imaginar em qual grupo poderia se inserir. Foi então que percebeu uma dupla de alunos, que aparentavam uma idade mais avançada que a sua, e resolveu se aproximar daqueles dois, tomou coragem e perguntou:

– Eu posso estudar com vocês?

A resposta foi positiva, e começou ali o debate de entendimentos sobre a matéria Introdução à Teoria do Direito. O tempo passou, o estudo foi bem produtivo e já estava chegando a hora da prova.

Todos os colegas foram para a sala de aula, fizeram a prova, saíram com a impressão de que as notas e os aprendizados seriam satisfatórios. Mais do que qualquer estudo ali realizado, ficou para todo o transcorrer do curso a amizade entre aquele jovem acadêmico e um maduro senhor pai de família, que, com o passar dos anos, veio a ser, além de amigo, um grande companheiro e conselheiro daquele estudante.

O estudo e o incentivo do amigo adquiridos na faculdade, sem sombra de dúvidas, foram as maiores conquistas alcançadas no primeiro semestre.

O primeiro ciclo da faculdade findava, já estávamos em dezembro de 2002; o fim do período de estudos proporcionou, além do descanso das férias, o retorno ao convívio com a família, pois nos momentos de descanso o destino desse jovem acadêmico era sempre o mesmo, sua cidade natal.

É interessante como o término de um período temporal propicia um momento de análise, principalmente na data em que se encontrava o nosso personagem, à época natalina e dos festejos de ano-novo.

Era necessário analisar como fora seu desempenho no primeiro semestre do curso de Direito. Começou pela análise do seu histórico escolar, e logo constatou que suas notas eram acima da média, beirando a pontuação máxima, o que lhe deixou muito satisfeito.

Tal satisfação veio acompanhada de uma indagação: "Será que minhas notas refletem a realidade do meu aprendizado? Estudei e apreendi muitas teorias, não tive muito acesso à prática jurídica. Será que a bagagem teórica que absorvi é a necessária para ajudar no meu desenvolvimento profissional?".

De uma coisa aquele jovem tinha certeza: havia se esforçado ao máximo, utilizando todo o tempo possível para estudar.

Mas, agora, o momento era de descanso, pretendia passar um período de um pouco mais de um mês descansando, arejando um pouco os pensamentos. Foi então que parou um pouco os estudos com a intenção de curtir as férias, se divertir. Merecia aquele descanso depois de tanta dedicação.

A reflexão parou por aí, mas deveria parar? O descanso falou mais alto.

Por que essa indagação? Vamos imaginar os pensamentos desse jovem, para os entendermos.

Será que sua intenção de apenas curtir as férias, sem estudar, não fugia um pouco da lição que aquele aluno abraçou e praticou durante os seis primeiros meses de faculdade, que foi: ESTUDE O QUANTO FOR POSSÍVEL?

Naquele momento ele não pensou em estudar nas férias, ou melhor, pensou, mas não estudou um único minuto sequer. Talvez naquele ínterim ele tenha fugido um pouco dos ensinamentos da primeira lição.

Os excessos são prejudiciais, mesmo o descanso excessivo pode prejudicar; talvez o jovem acadêmico tivesse aproveitado melhor o seu período de férias se tivesse dedicado um pouco de tempo diário para o estudo, seja de matérias da faculdade, seja com leituras sobre outros assuntos que fossem relevantes.

Nesse momento, o jovem acadêmico não teve a percepção de mais esse ensinamento: O DESCANSO, ALIADO AO TRABALHO EDIFICANTE, TRAZ A CONSTÂNCIA DE PROPÓSITOS NO APRENDIZADO.

Mais uma vez é preciso que utilizemos o exemplo deste jovem acadêmico para questionar a nós mesmos.

Quantas vezes já nos entregamos aos excessos? Do mesmo jeito que necessitamos fazer uma pausa nos estudos, no trabalho, precisamos tirar um pouco de tempo do nosso descanso para o trabalho edificante. O descanso em excesso torna-se preguiça, e o trabalho em excesso torna-se paranoia.

A ociosidade pode se tornar produtiva, como afirmaria o sociólogo Domenico de Masi em seu *O Ócio Criativo*. E por meio dela que espantamos alguns fantasmas que carregamos conosco. Todos nós temos dificuldades a ultrapassar, mas como vencê-las se não conseguimos identificá-las? Mas que dificuldades são essas, quais são esses fantasmas?

São vícios, tais como: a preguiça, a impaciência, a intolerância, etc. São aquelas dificuldades que nenhum de nós quer admitir que possuímos.

O jovem acadêmico não admitiu que o seu querer descansar em excesso era na realidade a preguiça que trazia em seu ser, e por causa disso perdeu uma bela oportunidade de trabalhar para a edificação de seu aperfeiçoamento espiritual, extinguindo essa mazela de si.

Essa análise é extremamente difícil, pois temos a tendência de esconder os nossos vícios dos outros, contudo, na realidade, tentamos escondê-los de nós mesmos.

Se não conseguimos esconder de nós mesmos, passamos então a camuflar o que sentimos, e findo isso, não nos compreendemos como realmente somos.

Perguntas ficam para análise: Tenho defeitos a corrigir? Quais são eles? Como fazer para melhorar?

Mais do que isso, ficou a terceira lição para o jovem acadêmico: CULTIVAR EQUILÍBRIO, EVITAR EXCESSOS; mesmo que nesse momento ele ainda não tivesse percebido, o excesso dessas férias serviria para a reflexão do futuro.

1.7 – A Lição Vinda por meio do Amigo

A análise individual é difícil, porém em muitas ocasiões os amigos, se forem sinceros, farão ligação com o mundo que criamos em nossas mentes com o mundo real e verdadeiro. Às vezes, de uma indagação suscitada por um amigo surge o despertar para sua autoanálise.

Foi justamente isso que ocorreu. No primeiro dia de aula do 2º semestre, ao ser recebido pelo seu grande amigo, o jovem acadêmico foi indagado de forma acolhedora:

–E aí, meu amigo, como foi de férias, descansou muito? Estudou um pouco?

Esse pouco foi o bastante para fazer surgir a inquietação, e desta veio a reflexão. Nesse instante, o amigo despertou o colega, que logo constatou: "DEVERIA TER UTILIZADO MELHOR O MEU TEMPO. Acho que vacilei", dando continuidade ao seu raciocínio:

"Se nós somos senhores do nosso tempo, por que administramos tão mal essa ferramenta extremamente poderosa? Há tempo para não fazer nada, há tempo para fazer tudo, mas só não poderá haver tempo para os excessos desequilibrados.

Do mesmo modo que no período de aulas eu utilizo a grande maioria do meu tempo para estudar, mas também tiro meus momentos de descanso, nas férias deveria ter invertido; a grande parte do meu tempo iria descansar, aproveitar, mas deveria ter estudado um pouco.

Ah, que nada, as férias são feitas para descanso, acho que estou me cobrando demais, sou uma pessoa responsável, sou um excelente aluno e merecia esse momento de lazer".

E finalizou pensando: "Mas isso não é desculpa, se eu quero ser um grande advogado, preciso utilizar o tempo a meu favor".

A volta das férias chegou com mais ensinamentos, dessa vez por meio de seu amigo, que o tirou da sua zona de conforto, induzindo-o à reflexão.

Desse momento de indagação, o jovem acadêmico chegou a uma conclusão que iria permear seus pensamentos durante todo o transcorrer da sua existência. Na realidade, ele montou uma premissa lógica que se traduz da seguinte forma:

1 – Eu utilizei minhas férias apenas para descansar.

2 – Precisava descansar, pois estudei bastante durante o semestre da faculdade.

3 – Logo o meu descanso é merecido e ninguém pode me repreender.

De outra forma ele construiu uma segunda premissa lógica, assim:

1 – Eu utilizei minhas férias apenas para descansar.

2 – Precisava descansar, mas, se quero ser um grande advogado, deveria ter descansado e estudado um pouco.

3 – Logo o meu descanso foi merecido, mas deveria ter utilizado melhor o tempo, descansando e estudando.

As duas premissas aqui dispostas estão corretas, porque uma ou outra é a escolha que poderia tomar, e em ambas ele tinha construído uma boa justificativa para fundamentar sua opção.

Com isso o jovem acadêmico percebeu que na vida, em toda situação em que estivermos inseridos, teremos sempre dois ou mais pontos de vista, naquele instante ele conseguiu formular desculpas plausíveis, tanto para o descanso em excesso ser benéfico para ele, como para não ser.

Assim ele entendeu que nós sempre teremos desculpas para fazer ou deixar de fazer qualquer coisa em nossas vidas, mas, no final, teremos que arcar com as consequências das escolhas feitas.

Nós somos os senhores do nosso tempo, podemos utilizá-lo para edificar e para destruir. Mais do que isso: com nossas inteligências poderemos formular desculpas tão pertinentes, que a grande maioria das pessoas que nos rodeiam não poderá jamais questionar nossas escolhas.

Foi dessa forma que ele aprendeu: EU TENHO O DIREITO DE ESCOLHER, MAS DEVO ARCAR COM AS CONSEQUÊNCIAS DO QUE OPTEI.

Posso ser rei ou plebeu, só não posso ser medíocre, a ponto de fazer minhas escolhas, não lutar para conquistá-las e culpar outra pessoa além de mim.

Em muitos momentos temos a liberdade de escolher, podemos fazer o que quisermos do nosso tempo. Será que temos toda essa liberdade mesmo?

Paremos para imaginar: em alguns casos a pessoa quer muito cursar uma faculdade, mas por alguns motivos está impossibilitada. Por exemplo, uma mãe de família quer fazer um curso de Estilismo e moda, até já conseguiu passar no processo seletivo, mas esse curso não existe em sua cidade e a faculdade mais próxima está distante mais de 500 quilômetros. Ela não tem com quem deixar os filhos, não pode deixar de trabalhar e o marido não aceita que ela se ausente de casa. Será que essa pessoa tem mesmo a liberdade de escolha? Ou está limitada por circunstâncias da vida?

Será que todos esses empecilhos não podem ser superados? Nesse exemplo as dificuldades são enormes, mas será que essa mãe de família também não está se deixando limitar, quem sabe deixando se esconder pelos muros da dificuldade?

Enfim nossa indagação maior é: Nossa liberdade pode ser limitada ou cerceada? Quem traz essas limitações? As circunstâncias da vida ou nós mesmos?

Para pensar nós somos livres, portanto pensemos sobre isso, peço apenas que não limitemos o nosso pensamento.

Uma advertência: o pensamento sem limites pode nos fazer enxergar quem realmente somos. Se somos seres livres de conservadorismo ou revolucionários, se somos egoístas ou altruístas, se somos verdadeiramente bons ou ruins.

Seja livre para pensar, só assim poderá se encontrar como realmente é, e a partir daí entender as escolhas que fez ao longo de sua existência. Se suas escolhas foram livres de amarras ou não, só você poderá dizer.

1.8 – O Transcurso da Faculdade e a Prática das Lições Acadêmicas

Quanto mais o curso transcorria, mais a fascinação daquele jovem acadêmico crescia em torno do mundo jurídico.

Foi então que começou a surgir a vontade de conhecer, na prática, as profissões jurídicas. Com seu grande amigo, o jovem se aventurou na busca por conhecimentos práticos.

Resolveram ir até uma delegacia para sondar como era o dia a dia de um delegado, e assim fizeram, pegaram um ônibus com destino a um bairro da capital Alencarina. Lá chegando, perceberam de pronto as mazelas que aquele profissional enfrentava: muito trabalho, falta de estrutura e principalmente uma profissão de alto risco.

Da delegacia, saíram direto para a faculdade. No percurso, papeavam os dois amigos, dizendo o jovem para o outro:

– Ainda teremos muito trabalho pela frente, hoje conhecemos apenas uma das profissões possíveis que poderemos abraçar após a formatura, precisamos ainda buscar conhecer a realidade fática de um promotor, de um juiz, de um advogado, etc., são tantas as possibilidades que temos que até me cansa os pensamentos imaginar como faremos para viver um pouco de cada uma delas.

A curta viagem, que durou cerca de uma hora, transcorreu por inteiro, e a conversa permanecia a mesma. Era um misto de fascínio e indecisão, tentavam amadurecer a escolha que tomariam só ao final do curso. Tudo isso numa tentativa de não escolher um ramo de atuação do qual pudessem mais tarde vir a se arrepender.

Chegando à faculdade, descobriram que iria ocorrer uma semana universitária, momento em que haveria palestras com vários profissionais do Direito, tais como: promotor, delegado, juiz, advogado etc. Todos contando um pouco do seu mister, e, assim, os dois amigos poderiam ter uma noção da vivência desses profissionais sem precisar ir ao local, como fizeram no caso da delegacia.

Aquele jovem não perdeu nenhuma das cinco palestras, todas de grande aprendizado, pois mostravam a prática tal como ela é.

Todavia, uma em especial cativou seu ser, na realidade fez o curso de Direito transformar-se em mais que uma profissão, em uma lição de vida.

1.9 – A Palestra do Juiz

Um senhor de meia-idade, de ar distinto, veio na condição de juiz de direito ministrar uma palestra relatando como é a vivência daquele que tem a missão de julgar.

O jovem acadêmico imaginou:

"Deve ser uma missão extremamente difícil ter de decidir acerca das vidas de duas ou mais pessoas, eu não sei se quero isso para mim, pois acho que ficarei com dúvidas na hora de julgar, vindo talvez a cometer uma injustiça com alguém. Deve ser uma pressão muito grande em torno deste profissional. Mas em compensação, teria uma grande oportunidade de praticar a justiça, trazendo o Direito para quem realmente possui".

Envolto com esses pensamentos, nosso jovem se dirigiu para o auditório, que dentro de pouco tempo já estava completamente lotado de alunos e até professores.

Começou a palestra, tudo bem informal, o Sr. juiz era pessoa de modos simples, o que deixava a plateia bem à vontade. Dentre muitas coisas relatadas, uma em especial chamou a atenção do jovem acadêmico, era o relato de uma simples e singela história.

Certo dia, em uma cidade do interior do Estado do Ceará, estava o juiz em seu gabinete, muito compenetrado em suas atividades habituais, quando de supetão adentra em sua sala uma senhora trazendo pela mão uma criança de cerca de dez anos de idade, e foi logo falando:

– Dr. juiz, vim aqui para que o senhor resolva um grande problema para mim.

Em meio a essa cena, estava um servidor da justiça, tentando explicar ao juiz como aquela senhora havia adentrado de forma tão atabalhoada àquele recinto. O magistrado disse ao servidor que não tinha problema, que ele poderia sair e deixar aquela senhora falar a que viera.

Disse o juiz:

– Bom dia, minha senhora, seja bem-vinda, qual o seu problema?

Sem se fazer de rogada, ela foi direto ao ponto:

– Esse menino que trago comigo é meu neto, ele está doente e não quer tomar o remédio que o médico passou, não sei mais o que fazer. Disseram-me que o senhor resolve grandes problemas e vim aqui para que possa resolver esse. Veja, doutor, eu sou analfabeta, não entendo nada de lei, mas acho que deve ter uma aí, nesses seus livros, para obrigar esse menino a tomar o medicamento, senão ele pode morrer.

O juiz, meio atordoado com aquela situação inusitada, pensou de pronto em expulsar aquela mulher dali: "Ora veja só, eu cheio de coisas para fazer, o que eu tenho a ver com um menino que não quer tomar um remédio?". Ao mesmo tempo, ele ficou acanhado de expulsá-la e resolveu ajudar.

Depois de uma longa pausa para pensar, falou para a criança:

– Do que você mais gosta?

O menino respondeu:

– De brincar de bola.

O juiz falou:

– Então, rapaz, se você não tomar o remédio, não vai melhorar e não vai poder jogar futebol.

Esperto como só as crianças sabem ser, o menino respondeu de pronto:

– Mesmo que não esteja doente eu não posso brincar, pois, não tenho nenhuma bola e minha vó não pode comprar.

Foi então que o juiz prometeu uma bola para aquela criança e ela aceitou tomar o medicamento. Segundo os relatos da avó, tomou rigorosamente o remédio, ficou curado e no Natal daquele ano a senhora voltou ao fórum daquela pequena cidade procurando o juiz.

Ao encontrá-lo, entregou-lhe um pacote que trazia na mão, o magistrado abriu o embrulho e lá tinha uma garrafa PET com dois litros de leite e ouviu:

– O senhor curou meu neto, eu queria tanto trazer um presente, mas não tenho com que comprar, trouxe a única coisa que tenho, o leite que tiro da minha vaquinha.

Aquele profissional recebeu o humilde presente como o mais valioso dos troféus, e disse à senhora:

– No momento da minha ceia de Natal vou tomar o leite que me deu.

E assim o fez, na noite de Natal daquele ano, em confraternização com todos os seus parentes e amigos, bem distante daquela senhora, estava lá na pomposa mesa da casa do juiz, ao lado do seu prato, um copo com o leite que aquela avó tinha lhe presenteado.

Segundo ele, aquela foi a bebida mais suave e gostosa que um dia teve oportunidade de beber. Nenhum vinho, da melhor safra que fosse, nenhum suco feito do néctar da fruta mais exótica e suculenta do mundo, se comparou àquele copo de leite, singelo, mas cheio de significado.

O dinheiro não pode comprar aquele leite, uma vez que não tem preço um presente ofertado por um coração sincero.

Nem o jovem acadêmico nem nenhuma das outras pessoas que compunham aquela plateia tomaram daquele leite, mas realmente aquela bebida significou muito para todos que ali estavam, pois o relato do juiz findou acompanhado de muitas lágrimas, ele chorava emocionadamente, tentando passar para todos que o trabalho de julgar não deve ser uma ato frio e mecânico de apenas aplicar a lei. Solucionar conflitos requer sensibilidade e aptidão para compreender o próximo e, por intermédio do outro, entender a si mesmo.

Aquele juiz, que naquele instante, transcendeu a função de julgador para se tornar um autoanalista, percebeu mediante ao problema daquela senhora que ele, como pessoa, tinha muito a aprender com todos que o circundavam, que a sua condição de juiz não lhe fazia melhor nem maior que ninguém, mais do que isso, entendeu que só conseguiria evoluir até se tornar um bom juiz se ele também se tornasse uma boa pessoa.

Essa é uma riquíssima lição, pois quantas vezes nós nos pegamos julgando o outro de forma tão severa, e quando vamos nos autojulgar somos tão benevolentes!

Eu só posso julgar aquilo que compreendo dentro de mim, aquilo que sei, e se sei, não posso querer aplicar apenas para os outros, preciso começar comigo.

O jovem acadêmico, por meio daquele relato, constatou em si que poderia ser um bom profissional em qualquer ramo de atuação que escolhesse se ele fosse uma boa pessoa, mas como fazer para ser uma pessoa melhor?

O exemplo do juiz mostrou que é saindo de nós mesmos, ultrapassando os limites que nós nos impomos, por conta dos nossos vícios e defeitos, só assim é que poderemos ser melhores.

À medida que deixo a preguiça de lado e tento ajudar alguém, posso chegar a entender que preciso me esforçar mais para ser um trabalhador incansável, ultrapassando a mazela da moleza que muitos de nós temos, mas vivendo isolados, em nosso mundo particular, não constatamos que possuímos e, consequentemente, não detectamos que precisamos mudar.

Se o juiz não tivesse escutado a história daquela mulher e do seu neto, ele jamais teria percebido que precisava ir além dos livros teóricos de Direito para ser um excelente profissional.

Foi a partir daquele momento que ele passou a analisar melhor seus sentimentos e conduta, para ser o melhor juiz que já existiu para si mesmo, constatando o que deveria melhorar e como fazê-lo.

Em toda aquela plateia, entre alunos e professores, se perguntássemos a cada um quem queria passar em um concurso e ser juiz de direito, talvez a grande maioria respondesse afirmativamente a indagação.

Os motivos desse querer podem ser os mais variados: poderia ser pelo bom salário que esses profissionais recebem, ou ainda pela possibilidade de fazer a justiça na exata medida, dando o direito a quem realmente o tem; pelo *status*, enfim, mil possibilidades.

Mas se perguntássemos: quem quer ser juiz de si mesmo? Buscando se autoanalisar, mesmo que as constatações não sejam tão boas quanto nós gostaríamos que fossem, porém com a possibilidade de refletir e buscar melhorar, mesmo que o caminho seja árduo? Não sei se a resposta seria tão favorável na mesma proporção que a primeira.

Quem de nós nunca tentou camuflar seus sentimentos? Sentindo inveja do próximo afirmando ter apenas admiração? Se alguém me esclarece que estou no caminho errado, que na realidade sou uma pessoa egoísta e invejosa, tenho sempre uma resposta pronta: "Quem é você para tentar se meter em minha vida? Vá cuidar da sua que é melhor".

Realmente não podemos jamais querer interferir na vida do próximo se ele não estiver sensível para receber o recado que queremos lhe trazer.

Esse recado vem de muitas maneiras: em um livro, em uma palestra, em um filme e, principalmente, no próximo. Dessa forma, não podemos menosprezar nada, nem ninguém, pois se assim o fizermos, poderemos perder a oportunidade de aprendizado.

Seres imperfeitos que somos, não podemos descartar nenhuma opção de ensino e, assim, todos temos o que apreender, com o mais culto dos nossos irmãos de jornada e também como aquele irmão que não tem saber de educação, muitas vezes é analfabeto para as letras, mas doutor da vida.

O maior ensinamento para aquele juiz veio por meio daquela avó. E nós, como buscamos apreender com a vida? Somos sensíveis o suficiente para perceber os aprendizados que nos cercam?

Não custa nada pensar, afinal para pensar nós somos livres. E você, é livre para pensar? Ou tem seus pensamentos aprisionados por suas imperfeições e vícios?

Fica para reflexão, quem quiser realizar que a faça, mas quem a fizer que se esforce para ser sincero consigo mesmo.

Capítulo II
Ensino religioso

2.1 – Da Religiosidade do Jovem Acadêmico

O aprendizado surge de várias formas, uma das mais instigantes e impulsionadoras é, sem dúvida, o poder da religião em nossas vidas.

Afinal, mesmo aquele que não acredita em religião ou em alguma divindade utiliza-se do raciocínio para refutar a religiosidade e, nesse pensamento dialético, consegue apreender ensinamentos.

Além disso, aqueles que dizem não acreditar em Deus, quando postos na berlinda, diante do momento crucial do desespero e da dor, mesmo que por um instante podem modificar seu pensar. Portanto essa é uma forma de ensino que não se pode descartar, aliás como nenhuma outra.

Mesmo que depois prefiramos acreditar na matéria, todos nós em algum momento já pensamos ou falamos acerca dos ensinos religiosos, seja para apreendermos, seja para criticarmos.

No caso do jovem acadêmico, personagem deste livro, a religião sempre foi muito presente, como um viés de admiração e aprendizado.

Nasceu, foi batizado, fez primeira comunhão, portanto tinha uma educação religiosa toda embasada no catolicismo; a grande maioria da sua família, bem como a sua pequena cidade, era católica apostólica romana.

Desde criança sempre foi afeito a buscar na religião a solução para seus conflitos pessoais. Todos os dias, ao acordar e antes de dormir, rezava um Pai-Nosso, uma Ave-Maria e um Santo Anjo. E às vezes, aos domingos, ia à missa.

Além disso, como já foi aqui relatado, antes de sair para assistir à aula, desde as séries iniciais até a faculdade, costumava rezar e pedir a Deus que clareasse seus caminhos, facilitando, assim, seu aprendizado.

Busca demais conversar com Deus, em uma tentativa de entender o que veio fazer aqui neste mundo; qual sua missão?

Seguidor de Santo Expedito, desde a época em que fez o primeiro vestibular, no ano de 1999, toda essa devoção veio por meio de dois presentes que recebeu na véspera da prova. A história foi a seguinte:

No momento em que iria realizar o primeiro vestibular de sua vida, na Universidade Federal do Ceará, desta feita para o curso de História, a mãe do jovem saiu do interior para a capital, na tentativa de prestar ao filho um apoio moral naquele instante de transição: a saída da escola para a faculdade.

Levou com ela dois pequenos presentes para seu filho, um enviado por sua cunhada e outro por uma amiga da família.

Ao abrir os presentes, percebeu que, apesar de terem sido enviados por pessoas diferentes, tratava-se de um único conteúdo.

Ambos tinham teor religioso, e com a mensagem de um mesmo santo: um era uma pequena estátua, cerca de cinco centímetros, feita de ferro, que esculpia a figura de Santo Expedito, o outro um pequeno folheto contendo a história e a oração desse santo, considerado o intercessor das causas justas e urgentes.

O jovem não conhecia aquele santo, nunca tinha escutado falar. Mas naquele momento foi apresentado a ele e de cara simpatizou, passando a ter admiração, principalmente pelo lema desse benfeitor, que se traduz na seguinte frase: NÃO DEIXE PARA AMANHÃ O QUE SE PODE FAZER HOJE.

Diante desse encontro cativante, o jovem, na certeza de que nada é por acaso, não teve dúvida, passou a ter naquele santo um amigo fiel, inicialmente para interceder junto àquele ser iluminado para ser aprovado no vestibular ao qual se submeteu naquele ano, mais precisamente um dia após o recebimento do presente. Só que a aprovação não veio.

Mesmo sem alcançar a intercessão pedida, a afeição permaneceu, para um jovem que morava sozinho, aquele santo virou um companheiro, para o qual contava silenciosamente ao final de cada dia tudo o que se passava em sua vivência. Foi então que se firmou ainda mais a devoção por Santo Expedito.

A partir daquele momento, o jovem passou a carregar consigo aquela pequena estátua para todos ao locais os quais se dirigia. A imagem sempre era posta no bolso esquerdo das suas vestimentas.

A empatia, que fora instantânea, passou a ser um ritual, uma superstição. Ele não sabia definir, mas aquela presença trazia confiança e amparo.

O ensinamento religioso para aquele jovem trouxe o doutrinamento de que tudo tem um motivo, um porquê, mesmo naquelas situações que, supostamente, parecem de uma injustiça, existia uma razão de ser. O que a matéria pura e simplesmente não podia lhe responder, a religião lhe consolava. De certo, não totalmente, mas em partes o alento sempre se achegava.

Qual o sentido da vida? Por que nascemos? Por que devemos seguir o caminho do bem? Se a ingratidão bater à minha porta, devo pagar a injustiça com o mal? Ou devo permanecer praticando o bem e a caridade indistintamente?

Essas perguntas, volta e meia, povoavam os pensamentos daquele jovem. Em alguns momentos encontrava respostas convincentes, em outros a dúvida permanecia. O certo é que a religião lhe sustentava nesses instantes de certeza e de indecisão.

A religião lhe permitia a libertação dos ressentimentos da dúvida.

Apesar de sentir-se muito bem na religião católica, não se sentia completo, talvez porque não se esforçava para praticar o que professava ou porque não encontrava ali as respostas que almejava.

E você, leitor, em que se apega para resolver as dúvidas que a vida lhe traz? Acredita em santos? Acredita em Deus? Ou só acredita na matéria?

Será que uma promessa pode fazê-lo alcançar algo ou alguma dádiva, sem merecimento?

Será que a religião, por exemplo, diante de uma frustração ou decepção, como no caso aqui exposto, da não aprovação em um vestibular, pode fazê-lo compreender ou entender os motivos da não conquista do objetivo?

Todas essas perguntas geram aprendizado, sendo o mais importante deles o autoconhecimento.

2.2 – Conhecendo a Doutrina Espírita

Quem procura acha, já diz o ditado popular. Foi assim que um dia o jovem acadêmico encontrou o caminho para chegar às respostas que tanto estava a se indagar.

Quando menos esperou surgiu a luz para clarear seus pensamentos. Tudo começou em uma viagem do interior com destino à capital cearense, exatamente na época em que o jovem foi prestar o vestibular para o curso de Direito, em meados do mês de junho de 2002. Vinha com sua única irmã no ônibus, em viagem tranquila, o jovem vestibulando.

Durante aquela longa viagem, enquanto o transporte percorria o caminho, cortando o asfalto esburacado, a irmã do jovem lhe falou:

– Meu irmão, deixe-me lhe mostrar uma coisa, retirando de dentro da sua bolsa um pequeno livro intitulado *O Evangelho Segundo o Eespiritismo*. Estendeu as mãos em direção ao rapaz dizendo-lhe para pegar o livro como um presente dela. Coisa que o ajudaria bastante em muitas perguntas. O jovem não hesitou, aceitou de bom grado o presente e indagou:

– De que trata esse livro?

A irmã respondeu:

– Você já ouviu falar em Chico Xavier, aquele homem que fala com os espíritos?

– Sim, claro que sei quem é ele, é muito famoso, esse livro conta a história dele? – questionou o jovem.

– Não, esse livro fala da história de Jesus, mas na visão dos espíritos e foi publicado por Allan Kardec, o fundador da doutrina espírita na França, no ano de 1864.

O jovem não entendeu nada e, retrucando, falou:

– Estou confuso, explique-me melhor.

A irmã respondeu:

– Chico Xavier é espírita, esse evangelho é uma das obras que compõem a base dessa doutrina, portanto toda a obra desse senhor é baseada no Espiritismo, sua vida é a pratica da máxima dessa religião: FORA DA CARIDADE NÃO HÁ SALVAÇÃO. Melhor que tentar lhe explicar é abrir o livro e deixar ele mesmo se autoelucidar. Vamos lá, faça uma rápida oração, pode ser espontânea ou não. Rezaram, então, o Pai-Nosso, e após abriram aleatoriamente o livro, caiu no capítulo XXIV, itens de 1 a 10, A CANDEIA DEBAIXO DO ALQUEIRE – PORQUE FALA JESUS POR PARÁBOLAS.

Em voz baixa para não incomodar os demais passageiros, mas em um tom que pudesse ser ouvido por sua irmã, aquele jovem leu todo aquele texto, que trazia em seu início um trecho bíblico do Novo Testamento e, ao final, a explicação que os espíritos traziam para tal assunto.

Dessa forma o Espiritismo foi apresentado àquele jovem, o assunto lhe chamou tanto a atenção que a viagem terminou, mas o assunto continuou. Questões antes mal compreendidas na religião católica agora faziam todo o sentido com aquela leitura.

O jovem sempre foi admirador incondicional de Jesus, compreendia que aquele Ser foi o maior de todos os professores que esse mundo já teve, mas não sabia por que ele falava de forma tão complicada, de modo tão ininteligível.

A primeira leitura do livro ocorreu justamente no ponto em que ele tinha muitas dúvidas, e como uma cortina se abrindo, todas aquelas indagações foram respondidas. O jovem simpatizou de pronto com a doutrina Espírita, o que lhe causou a curiosidade e a vontade de procurar saber mais.

Nesse tocante, o Espiritismo expandiu o entendimento de vida daquele rapaz, e podemos afirmar que o libertou das dúvidas que lhe encarceravam em determinados momentos.

Inebriado com todos aqueles ensinamentos, sentindo-se acolhido, pois estava muito à vontade com aquelas explicações, sem compreender de onde vinha aquele bem-estar, mas querendo profundamente entender aquela doutrina, muito curioso como sempre havia sido, quis saber tudo nos mínimos detalhes.

Queria saber como sua irmã teve acesso àquele livro:

– Essa doutrina tem alguma igreja que eu possa frequentar? Existe um padre, um pastor? Quem ministra esses ensinamentos? – indagou o jovem.

Apressada para responder, a irmã disse:

– Calma, meu irmão, vou lhe responder a todas as perguntas, mas uma de cada vez – e continuou: – Esse livro eu comprei em um centro

Espírita, inclusive tem um perto do apartamento em que você vai morar; lá não tem a figura de um padre ou de um pastor. Há alguns irmãos que estudam a doutrina Espírita, e tentam passar seus conhecimentos em ajuda àquelas pessoas que procuram o centro espiritual. Enfim, melhor seria que você viesse comigo, para conhecer o centro espírita, e lá poderá tirar suas próprias conclusões.

Dessa forma marcaram que no sábado seguinte, após a viagem, às 18h30, iriam ao centro Espírita assistir a uma palestra.

Assim fizeram, e a ansiedade do jovem era visível: "O que vou encontrar lá? Será que vou ver um espírito?".

Pensou até em não ir, com medo do que iria encontrar. Tomou coragem e decidiu ir. Saíram caminhando e cerca de dez minutos depois, em passos lentos, já estavam diante daquela singela casinha.

– É aqui, meu irmão, chegamos!

O prédio era uma casa comum, como qualquer outra, não tinha luxo, nem imponência, em nada se diferenciava de uma casa de família normal. A não ser por uma sensação que lhe tomava o coração, quanto mais se aproximava do recinto, mais sentia afeição por aquele lugar, como se já conhecesse; sentia-se bem, como se estivesse retornando de uma viagem para sua casa.

Ao adentrar o recinto, foram atendidos por uma simpática senhora de meia-idade, que logo lhes perguntou:

– É a primeira vez que visitam nossa casa?

– Sim! É a minha primeira vez –, respondeu o jovem.

– Então, meu jovem, aceita ter uma conversa fraterna, com um de nossos trabalhadores, que irá lhe explicar melhor o que é um centro Espírita?

O jovem aceitou, foi encaminhado a uma pequena sala onde foi recebido por uma simpática jovem que, de forma bem didática, lhe passou as primeiras noções acerca do que é um centro Espírita e o que a doutrina professa.

Retornou ao salão principal daquele espaço, que na verdade era uma sala de tamanho mediano, com uma mesa à frente e algumas poucas cadeiras dispostas pelo recinto a formar duas colunas, com cerca de dez filas em cada, cada qual com quatro cadeiras e um corredor bem ao centro, por onde todos os visitantes poderiam se locomover até o local onde escolheram para se acomodar. O lugar era modesto, apertado, porém muito aconchegante.

Às 19h30, começaram os trabalhos da noite, que não tinha nada de invocação de espíritos. No horário marcado, um senhor saudou a todos com um contagiante boa-noite, após, com o acompanhamento de um suave toque de violão, foram cantadas três músicas e em seguida foi feita uma prece. Só então foi dado o início da palestra.

O tema foi bem explanado, o palestrante discorria sobre o assunto e a admiração do jovem acadêmico só aumentava.

"Que doutrina reveladora é essa!", pensava. Cada lição trazia, além dos ensinamentos, uma paz nunca antes sentida por aquele ser.

O encontro findou com uma prece e a grande maioria daqueles que estavam no grande salão, os que quiseram, foram levados para uma sala menor, onde tinham várias pessoas para aplicar passes magnéticos nos visitantes.

Ao final desse episódio, o corpo estava mais suave, o pensamento mais convencido da existência de algo transcendental, além da convicção cada vez mais concreta de que aquele era o caminho a percorrer. As primeiras sensações foram as melhores possíveis, se é verdade que a primeira impressão é a que fica, aquela iria permanecer por longo tempo, pois o bem-estar era indescritível.

A volta para casa foi serena. A noite de sono ainda mais tranquila.

Diante do novo, nós temos dois caminhos: assustarmo-nos e fugir, ou ficar e buscar compreender melhor tudo que percebemos na primeira impressão.

A segunda alternativa era a que o jovem acadêmico queria trilhar. Restava apenas saber se teria força e constância para concretizar seu intento.

Uma certeza ele já tinha, a doutrina Espírita tinha muito a lhe ensinar, mas eram necessários dedicações e esforço para tentar apreendê-la; como iria fazer isso? Será que não atrapalharia os estudos da faculdade, que ainda estavam por vir?

Resolveu seguir as recomendações recebidas na conversa fraterna ocorrida no centro Espírita. Iria, a partir daquele momento, passar a fazer a leitura do Evangelho de Jesus no lar. Começou fazendo uma vez por semana. Gostou tanto que passou a fazer um dia sim outro não, até que resolveu fazer todos os dias. Tudo era feito de forma bem simples.

Em um horário escolhido, ele fazia uma breve prece, que muitas vezes era apenas um Pai-Nosso. Após, abria *o Evangelho Segundo o Espiritismo* de forma aleatória, fazia a leitura em voz alta, já que morava sozinho, em seguida comentava aquilo que entendera sobre aquele assunto e finalizava rezando uma Ave-Maria.

O mais interessante é que todas as vezes em que fazia o Evangelho, saía um tema que tinha tudo a ver com o que se passava na vida daquele jovem no momento atual. Dessa forma, cada leitura suscitava a formulação de novos conhecimentos.

Os assuntos sempre foram variados, o Evangelho fala de forma bem didática sobre egoísmo, raiva, rancor, ódio, preguiça e alguns outros sentimentos ruins, além de mencionar como devemos trabalhar o aprendizado dos bons sentimentos, tentando cultivar a caridade, o amor, a paciência, o perdão, etc.

A leitura do Evangelho era uma forma que aquele jovem solitário tinha para procurar se aconselhar. Sempre buscando, tentando se compreender, se autoanalisando, esse foi o caminho ensinado pelo Espiritismo.

Além do Evangelho diário que fazia, sempre que possível, aos sábados à noite, buscava assistir às palestras no centro Espírita.

Saiu de cena aquele católico cheio de dúvidas para nascer um Espírita convicto da transcendência da alma além da matéria.

A mudança de religião não significou que os aprendizados da religião católica não serviram, ou foram deixados para trás, pelo contrário, a base iniciada lá foi reforçada com novos ensinamentos, para então se tornar concreta, impedindo assim que as mazelas da dúvida minassem a construção inteira.

Nenhum ensinamento é tão ruim ou errado que não possa deixar aprendizados que servirão de iniciação para a construção de novos ensinos.

O Espiritismo não é a única ou a melhor doutrina, é apenas aquela em que o jovem acadêmico se encontrou. Todos temos aqueles ensinamentos em que estamos mais afiliados. Portanto, qualquer religião, pode ser a melhor para você, desde que se afine com sua escolha.

A calmaria naquele momento se instalara na vida daquele rapaz. Tinha todas as oportunidades necessárias para a construção do aprendizado.

Na faculdade, continuava dedicando-se ao máximo, não desperdiçando nenhuma oportunidade que o ambiente acadêmico proporcionava, estava fazendo bases firmes para o soerguimento da profissão.

Na vida particular, tinha o suporte que a família lhe concedia, aliado ao Espiritismo, que acalmava seu ser, elucidando dúvidas por meio de uma fé raciocinada.

Tudo andava às mil maravilhas. Apesar de a tranquilidade favorecer o desenvolvimento pretendido pelo jovem acadêmico, ela poderia trazer também a acomodação e, consequentemente, a estagnação.

O medo do acomodamento servia de alerta, nesse sentido o receio não aprisionava, pelo contrário, impulsionava a perseverança.

Mas será que a calmaria traz todos os aprendizados necessários? A percepção de uma pessoa pressionada por circunstâncias adversas fica mais aguçada? Ou a situação de estabilidade pode propiciar uma falsa impressão de domínio, deixando a busca sem sentido?

Cada um de nós reagirá diferentemente diante das duas situações: calmaria e adversidades. Teremos aprendizados em ambas as conjunturas, desde que tenhamos a oportunidade de vivê-las. Somente sentindo saberemos a reação.

Nesse sentido, o medo pode aprisioná-lo, não o deixando avançar, colocando limites em seus aprendizados. Mas também pode fazê-lo não aceitar a acomodação, nesse viés serve como libertador. Um único sentimento traz inúmeros ensinamentos, você decide como encará-lo.

Nem sempre a calmaria é sinônimo de vitória, pode ser sinal de fuga. Nesse mesmo diapasão nem sempre a dificuldade é sinônimo de queda, pode ser possibilidade de crescimento.

Analisando o ensinamento moral descrito no exemplo de Jesus, podemos perceber e indagar: mesmo sendo Jesus um ser evoluído, será que se Judas Iscariotes não o tivesse traído, teria ele a oportunidade de deixar todo o seu ensinamento de fé e perdão disposto em sua última lição, diante da cruz do calvário?

Na dificuldade e na calmaria, podemos ensinar e aprender, depende do ângulo de visão que tenhamos e da percepção que queiramos receber.

Para São Francisco de Assis "é dando que se recebe". Portanto, se plantar amor, colherá amor.

Mas será possível plantar amor em meio às dificuldades? E na calmaria, você pode ampliar essa plantação para colher na dificuldade?

E você, leitor amigo, qual a situação que lhe proporcionou mais aprendizado? A calmaria ou a dificuldade?

Ao responder a essas perguntas, você poderá usar a razão puramente ou, simplesmente, os sentimentos; a nossa proposta é que utilize os dois sentidos. Aliando um ao outro teremos melhores resultados.

Primeiro os sentimentos lhe trarão a verdadeira noção daquilo que você sente, sem máscaras. No exemplo de Jesus e de Francisco o sentimento reinante era o amor, acreditavam que o amor superava qualquer limite.

Você precisa refletir: acreditar no amor ou não? De posse dessa resposta, terá diante de si a confirmação de qual plantio está fazendo.

A razão será o fiel da balança para fazê-lo refletir sobre suas atitudes. A razão o manda acreditar no amor ou se entregar à revolta?

Depois dessa reflexão, poderá constatar:

PLANTEI O SENTIMENTO DO AMOR, RACIONALMENTE A COLHEITA SERÁ DE AMOR.

PLANTEI O SENTIMENTO DO MEDO, RACIONALMENTE A COLHEITA SERÁ DE APRISIONAMENTO.

Capítulo III
Da doença do corpo físico

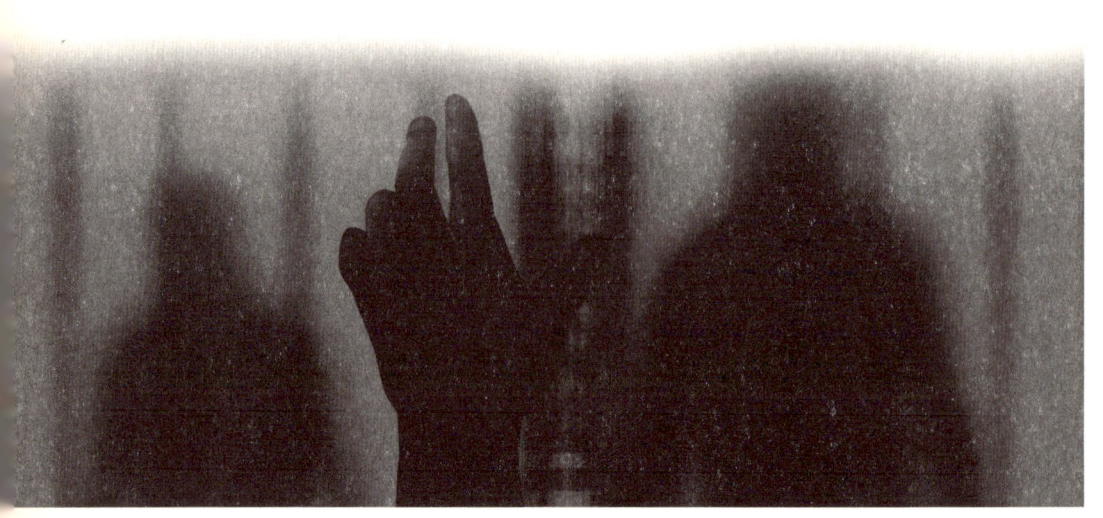

3.1 – A Perda Parcial da Visão

A tranquilidade permaneceu até dezembro de 2004, quando a dificuldade surgiu, dessa feita por meio do agravamento de uma doença do corpo físico, que limitou o sentido do jovem acadêmico.

O sentido limitado que o jovem carregava era a visão, que lhe dificultava em alguns momentos os estudos. Para entendermos melhor esse problema, precisamos voltar novamente um pouco no tempo.

A prova da doença da visão surgiu na vivência do jovem acadêmico no ano de 1999, momento em que apareceram os primeiros resquícios da dificuldade para enxergar, o que lhe impulsionou a procurar um oftalmologista.

Nessa época, o jovem residia em Fortaleza CE, acompanhado de um primo, grande amigo seu, e de uma ajudante que tomava conta da casa, já que os adolescentes ainda eram menores de idade e não podiam morar sozinhos.

Naquele momento, os dois jovens cursavam o 3º ano do 2º grau escolar, tinham uma carga de estudos muito pesada, tudo voltado para a realização do vestibular que estava prestes a acontecer.

Até esse instante sua visão era perfeita, mas o incômodo se apresentou já no ano 2000, logo após a aprovação do vestibular do curso de Economia, momento em que voltou a residir na pequena cidade do interior do Ceará.

O primeiro médico pelo qual passou diagnosticou que o caso de sua perda de visão era grave, prescreveu de forma paliativa a utilização de óculos, mas salientou veementemente que o paciente precisava passar por uma cirurgia o mais rápido possível, pois era essa a única forma de corrigir o problema.

O jovem e seus familiares ficaram apavorados, mas sem saber da real gravidade da doença, ainda subsistia a esperança de que, com os óculos, o problema seria corrigido; dessa forma a espera pela chegada desse utensílio se transformou em angústia.

O espanto foi enorme quando, ao utilizar os óculos de grau pela primeira vez, o jovem constatou que não havia melhorado em nada sua visão; muito pelo contrário, a sensação era de que a doença tinha avançado muito rapidamente, não o fazendo enxergar quase nada.

Resolveu procurar a opinião de um segundo profissional, que constatou logo na primeira consulta, após a realização de uma bateria de exames, que o jovem estava acometido de uma grave doença chamada CERATOCONE, que não tem cura e que pode levar à cegueira.

No momento em que recebeu a notícia, o mundo desabou em suas costas, as dúvidas povoaram seus pensamentos: – "Por que comigo? O que eu fiz para merecer isso?".

Meio que atônito, reuniu forças e perguntou:

– Doutor, eu sempre tive a visão perfeita, de uma hora para outra apareceu essa doença, por que isso aconteceu?

A resposta foi calma e explicativa:

– Essa é uma mazela hereditária, o que indica que você já nasceu com ela; com o passar dos anos, à medida que a pessoa vai forçando a visão, por exemplo, estudando muito, a diminuição da visão aparece.

O médico arrematou de forma muito sincera dizendo:

– Meu jovem, não posso realizar o seu tratamento o enganando, sei da sua pouca idade, mas preciso lhe dizer sinceramente: você pode chegar a cegar, tudo vai depender da evolução da doença. Dessa forma precisamos iniciar o tratamento que consiste na utilização de uma lente de contato rígida, que lhe trará 100% da sua visão, e a cada ano faremos o acompanhamento monitorando o andamento da enfermidade, se evoluiu ou se estagnou. Até o presente momento o seu caso não é passível de cirurgia, uma vez que o risco de chegar a cegar na sala de cirurgia é muito acentuado.

O mais difícil de ouvir em todo aquele diagnóstico, para aquele jovem, era a incerteza que aquele momento causava. Será que iria cegar ou não?

Pior do que isso, foi a sensação que ficou, que aquilo que ele mais gostava de fazer, que sempre foi sua maior convicção, o estudo, tinha levado a causar seu problema de visão.

E agora, o que se passava na cabeça daquele jovem era se deixava de lado o sonho de fazer a faculdade ou não. Abandonava os estudos para evitar que seu problema de visão se agravasse? Ou confiava no tratamento prescrito e continuava sua trajetória de estudo?

O tratamento começou, as dificuldades de adaptação com o uso das lentes foram enormes, mas era possível conviver bem com a doença.

Um ano se passou!

No início do ano de 2001 foi o primeiro retorno que o jovem realizou para constatar como estava a evolução da doença. Momento de muita apreensão e incerteza acentuada.

Com muito medo de se deparar com a cegueira, marcou a consulta com seu médico e seguiu para o consultório, para decidir ali o andamento de sua vida. Em menor proporção que o medo, a esperança de que daria tudo certo também reinava em seus pensamentos.

O médico trouxe o tão sonhado alívio, quando constatou que a doença não havia evoluído e que tinha muitas chances de estagnar naquela intensidade.

De 2001 a dezembro de 2004, data deste relato, a doença estava totalmente controlada.

Momento em que o jovem já convivia com essa limitação da visão há quatro anos, realizando o tratamento rigorosamente, chegando a ponto de o médico dizer que havia surgido um novo tratamento para a CERATOCONE, que possibilitava a realização de uma cirurgia para correção do problema.

Ficou marcada para dezembro de 2004 a realização de alguns exames e, se tudo corresse como o esperado, em dezembro mesmo seria feita a cirurgia.

Tudo estava planejado, dezembro, por ser época de férias da faculdade, era o momento ideal para fazer a intervenção.

A esperança estava cada vez mais forte de que tudo iria transcorrer da melhor forma possível e de que o jovem encontraria a cura da sua doença.

No dia escolhido para realização dos exames preliminares para a cirurgia, logo pela manhã, ao acordar, o jovem acadêmico percebeu que estava com os dois olhos muito vermelhos e irritados.

– E agora, o que faço, acho que não poderei fazer os exames – disse o jovem.

No primeiro momento, ligou para sua mãe, que estava juntamente a seu pai vindo em viagem do interior para a capital, no intuito de acompanhar os exames e saber como seria o desenrolar da cirurgia.

– Mãe, não precisa mais vir para Fortaleza, pois acordei com os olhos vermelhos e acho que não poderei fazer os exames.

A mãe respondeu:

– Já estou a caminho, me aguarde que em poucos instantes estaremos aí com você e então decidiremos o que fazer.

Esses poucos instantes foram longos, não pela demora contada em tempo, mas precipuamente pelas dúvidas e angústias que rodeavam aquele jovem, e lhe consumiam até mais que a própria doença.

Pensava ele: "Meu Deus, esses olhos vermelhos são o sinal de que a minha visão não suporta a carga de estudo que realizo diariamente, dessa forma não terei condições de concretizar o meu sonho da formatura em Direito, se me esforçar bastante, ultrapassar todos os obstáculos, e conseguir a formatura, e ao final estiver cego, de nada terá adiantado todo o empenho, pois não poderei trabalhar como advogado. Será que vale a pena continuar insistindo nesse sonho?".

Envolto nesses pensamentos nefastos, tentando se acalmar, imaginou que deveria recorrer à leitura *de o Evangelho Segundo o Espiritismo*. Mas como fazer a leitura se os olhos lacrimejavam e ardiam demais?! Foi quando começou a surgir o sentimento de impotência. Chorou e afirmou em voz alta:

– Senhor, nem mesmo ao meu sustentáculo, o Seu evangelho redentor, que tanto me fortalece, tenho condições de recorrer.

Após as lágrimas, em um momento de alívio, veio o pensamento: "Se não posso enxergar com os olhos da matéria, qual o caminho que devo seguir?".

Em um esforço de raciocínio, sentindo que não estava limitado, apesar da angústia, começou a visualizar uma ajuda por meio da seguinte indagação: "Os olhos do espírito estão limitados como os do corpo? Os limites do espírito eu quem estabeleço; se não deixar a angústia, as dúvidas e os medos encarcerarem meu ser, poderei encontrar a ajuda que estou a rogar".

Dessa forma, começou a fazer uma espécie de meditação, fechou os olhos, e rezou:

– Senhor, se hoje por uma limitação do meu corpo físico estou impedido de encontrar o alívio para minhas dores na leitura do Evangelho redentor, não posso culpá-Lo, pois sei que tudo aquilo que vivenciamos tem um propósito do bem, nada é por acaso, portanto, meu Pai, mesmo sem entender aquilo que preciso compreender dessa situação, permaneça comigo, perdoa a minha pequenez, abrace-me em teus braços, me faça enxergar muito mais com o espírito do que com o corpo físico. Se em essência eu sou espírito, que o meu corpo imperfeito desta encarnação não me impeça de O enxergar, em todos os instantes, até mesmo neste de angústia e medo em que me encontro; a leitura do Evangelho me acalma e fortalece meu espírito; é chegado o momento de saber se realmente o Seu Evangelho, Senhor, está gravado em meu ser, além da leitura, quais os ensinamentos provindos da Sua sabedoria e bondade estão vivos em meu espírito?

Como de imediato, o pedido tão sentido e emocionado foi atendido, a calmaria voltou, e os pensamentos começaram a vagar livres, além dos limites do corpo.

Começou a visualizar belas paisagens, estava como que voando, enxergava do alto um monte, aos pés deste uma pequena multidão de pessoas, concentradas, deslumbradas a escutar as lições de um homem que estava no topo, e dizia: "BEM-AVENTURADOS AQUELES QUE SOFREM, BEM-AVENTURADOS OS MANSOS E PACÍFICOS".

Foi então que o jovem acadêmico começou a lembrar do sermão da montanha realizado por Jesus; nessa lembrança, disse:

– Neste momento de doença, se eu estivesse a ouvir esse sermão e tivesse a oportunidade de perguntar algo a Jesus, qual seria a pergunta que faria?

A indagação foi:

– Senhor, terei forças para conseguir ultrapassar essa doença e concretizar o sonho de me formar em Direito?

Jesus apenas sorriu, não teve como lhe responder, pois havia ali uma multidão de pessoas, com as mais variadas necessidades.

E a resposta veio pelo próprio jovem acadêmico, em tudo aquilo que ele já tinha dentro dele mesmo, em tudo aquilo que já sabia sobre quem é Jesus. Conhecendo Jesus, sabedor de que é todo Caridade, Justiça e Amor, qual seria a resposta que lhe daria?

Começou a raciocinar e constatou:

– Eu quero ser advogado com qual propósito? Mau ou bom? Egoístico ou altruísta?

A resposta foi a mais sincera possível, afirmando que a sua profissão serviria não apenas como meio de ganhar o pão material, mas, principalmente, como forma de auxiliar aqueles que necessitam, transmitindo saber por onde estivesse. Tentando clarear a escuridão da ignorância.

Se o propósito é bom, não há razão para achar que não irá alcançá-lo. É a lei de Justiça. Se cultivo caridade, colherei justamente Amor.

Naquele instante os ensinamentos do Evangelho eram mais vivos em seu sentir do que propriamente quando enxergava com os olhos da carne.

O Jesus que ele tanto admirava, que ele tanto estudava, que ele tanto pretendia seguir, estava redivivo em seu ser naquele momento; os ensinamentos ultrapassaram as barreiras do corpo físico e atingiram o espírito.

Mesmo sem a visão do corpo, a certeza era cristalina de que seus propósitos de bem seriam alcançados, não sem percalços e dificuldades, pois é justamente nos desafios que surge a distinção dos alunos esforçados, mas que reclamam da complexidade do ensino, daqueles que apenas se esforçam e confiam no professor.

Continuando o passeio do seu espírito, nesse momento percebeu um grandioso ensinamento para consolidar como exemplo o que havia compreendido do encontro com Jesus.

Apesar de ser grandioso o aprendizado, o exemplo veio de uma figura extremamente pequena.

Nesse divagar além da matéria, visualizando verdes pastagens, percebeu aproximar-se dele uma espécie de pequeno pássaro.

Inserido nesta bela paisagem, que o jovem visualizou com uma humilde casa, aproximou-se para ver, do alto, quem morava nela, residia ali apenas um senhor, acompanhado de um pequeno pássaro de penas verdes, preso em uma gaiola, que estava sendo aberta. O homem estava com uma tesoura na mão, pegou o pássaro cuidadosamente, cortou as suas asas e soltou o animal para que ficasse a andar naquele ambiente.

O maior anseio de um pássaro é voar, nesse movimento, esses animais se sentem livres, mas, com as asas cortadas, o seu sonho de voar estava impedido. "Como aquele pássaro se sentia? pensou o jovem. Deve estar muito triste por não conseguir fazer aquilo de que mais gosta."

A associação foi imediata; ele se sentia da mesma forma que aquele pássaro, sem poder enxergar o jovem acadêmico estava impedido de concretizar seu sonho de estudar. Assim como o pássaro de asas cortadas, não podia concretizar seu sonho de voar.

O jovem, de pronto, já acusou: "Que homem ruim, fazer isso com o pássaro, que maldade sem tamanho".

Foi então que o pequeno passarinho ministrou o ensinamento que aquele jovem precisava naquele momento, sem palavras, foi apenas um pequeno gesto: o pássaro, mesmo com as asas cortadas, começou a tentar voar, não conseguia, mas não desistia de tentar.

O jovem acadêmico começou a retornar da sua breve meditação, abriu os olhos da matéria, constatou que as limitações ainda permaneciam ali, que os olhos ainda estavam irritados e vermelhos, mas que ele, mesmo que tolhido em seus sonhos, não poderia deixar de tentar.

Se não tivesse sido aquela limitação do corpo, ele jamais teria conseguido perceber Jesus tão redivivo em seu ser.

Entendeu, ainda, que muitas vezes, nos momentos de dificuldades, nós julgamos Deus daquela mesma forma que o jovem acadêmico julgou o homem que cortou as asas do pássaro. Entretanto, sem as dificuldades, os aprendizados são tolhidos, nessa visão: as limitações são meios de concretizar ensinamentos.

Após a prece, e o encontro com os ensinamentos de Jesus, o ânimo estava revigorado, pronto para enfrentar as limitações que a doença lhe traria.

Seus pais chegaram, o jovem já estava pronto e foram, no mesmo instante, para o consultório do médico. Lá chegando constaram que se tratava de uma ulceração, uma espécie de ferida que estava aberta em ambos os olhos, o que causava toda aquela vermelhidão e consequentemente o incômodo.

Falou o médico:

– Realmente, você não poderá fazer a operação, não só pelo fato dessa inflamação, mas principalmente por causa de sua córnea ter uma espessura muito fina, abaixo dos padrões normais, o que não possibilita a intervenção cirúrgica com obtenção de êxito. Continuou o médico: Para o momento, precisa o mais urgentemente possível começar um tratamento rigoroso, para tentar debelar essa ulceração. Durante todo o período do tratamento o uso da lente estará suspenso.

O problema era que na semana seguinte iriam começar as provas finais do 5º semestre da faculdade e, sem as lentes, como o jovem acadêmico faria os testes? Já que não estava enxergando quase nada.

– Doutor, dessa forma vou me prejudicar na faculdade, corro o risco de perder o semestre.

O médico retrucou:

– Sua visão necessita dessa parada, o seu corpo pede esse momento de descanso; é isso ou sua visão estará prejudicada para o restante da sua vida. Sem esse tratamento você certamente ficará cego.

– Então, o que farei? – O oculista começou a preparar um laudo bem detalhado, endereçado à faculdade, atestando a impossibilidade da realização das provas finais por seu paciente.

Ao sair do consultório, já com todo o receituário em mãos, seguiu imediatamente para a faculdade, na tentativa de solucionar seu problema.

No caminho, sem conseguir enxergar nada, conduzido por seus pais, o jovem acadêmico só pensava: "Não posso deixar essa limitação me impedir de sonhar. Preciso ser como o pássaro, que mesmo com as asas cortadas, jamais deixou de tentar voar".

No prédio da universidade foram recebidos pela coordenadora do curso de Direito, uma jovem mulher, que visivelmente nutria uma simpatia pelo jovem acadêmico.

Narraram todo o ocorrido, e, ao final do relato, o jovem falou:

– Professora, longe de querer fugir das provas, pelo contrário, passei todo o semestre me preparando para fazê-las da melhor forma possível, mais do que isso, não posso perder o semestre, aceito fazer esses testes de qualquer modo, hoje eu não posso enxergar, mas posso falar, portanto, se os professores toparem, eles podem fazer uma prova oral comigo, tenho convicção de que me sairei bem, ou se houver alguma outra forma, a senhora pode sugerir que eu acatarei com a maior boa vontade e resignação.

A coordenadora ficou por um instante pensativa e asseverou:

– Tenho uma solução para seu caso, vou mandar minha assistente trazer seu histórico escolar, caso você tenha uma média geral superior a 8, será dispensado de realizar as provas finais.

Ao chegar o histórico escolar, ficou constatada que a média geral do jovem era acima de 9, perto da pontuação máxima, quando a professora disse que sua média era suficiente e que ele também era um excelente aluno, dedicado e esforçado, aliviou-se. Ela disse:

– Fique tranquilo que terá o tempo necessário para realizar seu tratamento, cuidar da sua saúde visual e, no próximo semestre, estará aqui novamente, pronto para enfrentar mais uma batalha em busca do aprendizado. Antes de sair, preciso dizer: você, hoje, colhe o que sua dedicação plantou, todo seu empenho valeu a pena, continue assim, não desista diante dessa dificuldade, siga em frente.

O jovem e seus pais saíram daquele ambiente aliviados pela resolução do problema da faculdade, mas ainda apreensivos, por conta do tratamento que iria enfrentar. Será que surtiria efeito?

O importante desse episódio foi, sem dúvida, o breve instante que o jovem acadêmico teve de reflexão profunda, no qual percebeu que diante da cegueira, sua percepção de mundo estava mais aguçada.

A dificuldade o fez conseguir dar um passo à frente na sua evolução espiritual, tudo porque a sua compreensão sobre Deus foi estendida, pois antes tinha medo de castigos; por isso fazia o bem, para não sofrer represálias. Hoje, percebeu que deve fazer o bem independentemente de receios, e apenas fazê-lo por ser o certo, posto que, mesmo agindo de forma correta, encontrará dificuldades em sua vivência.

Nos problemas, Deus deixou de ser castigador, não tendo mais espaço para a pergunta: por que comigo? As dificuldades se transformaram em oportunidades, a bondade divina é ilimitada, tudo que passamos tem o seu sentido, mesmo que no instante da aflição não tenhamos o entendimento exato.

O jovem acadêmico estava mais forte, a doença não deixou sua fé abalada, ele não estava preso aos limites do corpo físico, sabia que seria curado e, mesmo que não fosse, teria condições de continuar sonhando.

Toda essa convicção serviu muito para auxiliar no tratamento, quando a cabeça está confiante e sadia, o restante do corpo fica contagiado pela certeza.

Foram cerca de 30 dias de tratamento intenso, muitos colírios, muita precaução e, ao final, a constatação daquilo que ele já sentia, estava curado das ulcerações, a doença permanecia, os olhos precisavam do auxílio das lentes de contato para enxergar, mas a mente estava fortalecida pela dor sofrida.

E nós outros, leitores, quantos de nós estamos passando neste instante por dificuldades e problemas, como procurar perceber as lições além da dor? Será que realmente podemos aprender com as doenças, com as perdas?

Sua percepção, ao ler este livro, lhe diz que esta é uma história real ou fictícia?

É possível, por meio de uma prece, elevarmos os pensamentos até Deus? Os limites do corpo físico podem ser quebrados pelo espírito?

Dentro da proposta deste livro, analisando a história do jovem, aqui exposta, trazendo para nossas vivências, buscando a reflexão por intermédio do ensinamento dos outros, verificamos que:

Em um primeiro momento, o medo das limitações que a perda de visão trouxe aterrorizou o jovem, ele sentiu já no primeiro instante a dificuldade de não poder ler o Evangelho de que tanto gostava e o fortalecia. Começou então a bater o desespero, a angústia.

Até que resolveu fazer uma prece, que imediatamente trouxe o alívio, a qual fez ver a possibilidade da superação, na verdade a libertação dos limites impostos pelo cárcere da doença.

Mais uma situação da vida que traz a sensação de impotência, de imposição de limites, de encarceramento.

E você, na sua vida, quais as situações que o aprisionam atualmente? Como fazer para superá-las?

Caso não consiga encontrar soluções imediatas, procure plantar dissoluções futuras, na certeza de que colheremos o que plantarmos hoje.

Uma boa alternativa é olhar um pouco para o passado, tentar ver se há alguma situação que já superou, como foi o caminho para essa solução. Tente relembrar aprendizados passados para utilizá-los no problema atual.

Não existe nenhum problema que não possa ser solucionado, mesmo aqueles que pensamos não poder fazer nada, a não ser esperar, temos o que apreender, é preciso exercitar a tolerância, a paciência, a resignação, a confiança, o perdão, a caridade, o amor; enfim, todas as virtudes que precisamos alcançar.

Enxergar além do problema e da dor é perceber aquilo que somos e o que precisamos vir a ser. Ou seja, dentro da dificuldade necessitamos compreender como realmente somos, sem máscaras, sem disfarces, pois a charada da vida é conhecer a si mesmo.

Eu só poderei combater o egoísmo que existe em mim se conseguir me enxergar como uma pessoa egoísta. Caso contrário, ficarei olhando a vida do próximo sem trazer para a minha vivência.

O leitor que terminar a leitura deste livro sem fazer uma autorreflexão perdeu seu tempo. A história aqui contada deve servir, em algum ponto, senão em todos, para o engrandecimento do ser que a analisa. Não deixem passar essa oportunidade de perceber na vivência do outro os ensinamentos de que precisam para compreender vocês mesmos.

A dificuldade alheia, a dor sentida pelo outro nos ensinam sem precisar que nós venhamos a sentir na pele a aflição do problema. A dor alheia pode lhe propiciar o aprendizado pelo amor, aliviando-o da dor vindoura.

Quantos de nós ainda não compreendem a grandeza de um exemplo, por achar que nunca acontecerá conosco? Essa é uma limitação imposta por nós mesmos, que nos impede de aprender e talvez, por isso, precisemos da professora Dor, para entender aquilo que necessitamos alcançar nesta encarnação.

Aprender com a dor alheia é caridade; quando disponibilizamos um pouco do nosso tempo para auxiliar, estamos enxergando o próximo e, consequentemente, percebemos o seu sofrimento com mais nitidez, trazendo-o para nossa vivência e reflexão, por meio dele o aprendizado é pelo amor.

O amor que o fez enxergar o próximo e buscar auxiliá-lo fará que você se enxergue na vivência do outro, e aprender pela dor alheia os ensinamentos que só o amor lhe trará.

A doença traz dificuldades, superá-la sem aprender é o mesmo que não vivê-la, portanto, quando a doença bater à sua porta, esforce-se para enfrentá-la, buscando o autoconhecimento.

A vida não é feita de uma única dificuldade, e superada uma lição, outra poderá surgir. Em continuidade à nossa história, o problema da visão foi superado. E agora, o que virá pela frente? Será aprendizado pela dor ou pelo amor?

Sem sabermos qual o futuro, o que jamais poderemos fazer se outro problema aparecer é nos revoltar, achando que nossa vida é uma sucessão de dificuldades e nos deixar encarcerar pelo pessimismo. Para enfrentar o próximo problema, será necessário encará-lo como um novo aprendizado.

Capítulo IV
Do cárcere do sequestro

4.1 – A Perda da Liberdade pelo Sequestro

O ano de 2005 seguiu sem maiores dificuldades, além das limitações impostas pela doença da visão. Permaneceu naquele jovem a esperança de conseguir, mediante o esforço do estudo, alcançar o sonho de ser um bom advogado em auxílio daqueles que mais necessitam.

Utilizava-se de todos os momentos para estudar. Mais do que isso, com o aprendizado trazido pela doença na visão, estava em um momento de praticar demais a autoanálise, tendo se tornado uma pessoa muito analítica, e tudo isso lhe ajudava a entender suas limitações e trabalhá-las.

No final das contas, a doença deixou um saldo de ensinamentos.

4.2 – Do Estágio

Sobre os estudos, o ano de 2006 iniciou-se com mais uma oportunidade de aprendizado acadêmico.

Desde o início do ano de 2005, o jovem acadêmico fazia um estágio voluntário arranjado por um amigo seu junto à Justiça Federal no Ceará. No fim desse mesmo ano, foi aberto edital para estágio remunerado naquele órgão.

Logo que ficou sabendo da notícia, o estudante apressou-se para avisar seus demais amigos sobre a oportunidade. Começou a se preparar, conseguiu uma cópia do edital da seleção e direcionou seus esforços para as matérias ali exigidas. Teve pouco tempo de preparação, mas conseguiu cumprir o cronograma de estudos.

No dia marcado para realizar o exame, como de costume, em todos os seus compromissos, chegou com antecedência ao local da prova. Ao final das quatro horas de avaliação, saiu satisfeito com seu desempenho e, mesmo sem saber o resultado, estava convicto de que tinha feito o seu melhor. Agora era só aguardar.

Alguns dias depois, saiu o resultado, e ele havia sido aprovado, motivo de muita alegria e satisfação por perceber mais uma vez que estava no caminho correto em direção à realização profissional.

Meses depois, já em 2006, foi chamado para assumir o cargo de estagiário. momento em que passou a dividir seu tempo entre a faculdade e o estágio.

Não era fácil conciliar os estudos e o trabalho, tinha uma rotina bem assoberbada, que lhe preenchia todo o dia.

Acordava às 5h15, antes do raiar do sol, apressava-se para tomar banho, vestir roupa e tomar café. Tudo tinha de ser realizado dentro do tempo estipulado. Não podia sequer cochilar, pois tinha horário marcado para pegar o ônibus, que passava rigorosamente às 6h20.

Já dentro do transporte urbano, percorria um trajeto de cerca de 20 quilômetros, com duração aproximada de uma hora, chegando à faculdade por volta das 7h20, onde a aula iniciava-se às 7h40, prosseguindo até as 11h40. Ao final, saía direto para o estágio, almoçava rapidamente em um movimentado restaurante próximo das instalações da Justiça e iniciava sua segunda jornada às 13 horas, com encerramento previsto para as 18 horas.

Do estágio seguia direto para casa, onde chegava às 19h20, tomava um banho, preparava uma rápida refeição para jantar, geralmente um sanduíche, já que não tinha dotes culinários, depois começava a estudar a matéria que tinha sido ministrada naquele dia na faculdade, uma vez que não podia deixar acumular conteúdo.

Por volta de 23h30, já exausto do dia cansativo, mas feliz por conseguir mais uma vez cumprir sua jornada de trabalho e estudo, ajeitava-se para dormir, descanso merecido rumo a uma preparação para, no dia seguinte, começar tudo novamente.

O jovem não reclamava de nada, pelo contrário, irradiava contentamento pela oportunidade conseguida e sustentada com muito suor e dedicação.

A divisão de tempo era apertada, mas com certeza muito produtiva, uma vez que o dia estava todo preenchido na busca pelo conhecimento, pois aquele sempre fora o propósito do jovem acadêmico.

4.3 – Da Opção de Diversão e da Violência Urbana

Apesar de viver em uma grande metrópole, com muitas possibilidades de diversão, ele optava em permanecer a maior parte de seu tempo em casa. Por um lado, para aproveitar ao máximo a dedicação aos estudos e, por outro lado porque tinha muito medo da violência urbana.

Mesmo já morando em Fortaleza há algum tempo, não tinha sido vítima de nenhum tipo de crime, nunca havia sequer sido roubado ou furtado. E queria permanecer assim.

Tudo isso ele atribuía a sua forma cautelosa de viver. Vestia-se de modo bem humilde, não portava joias, não frequentava festas ou grandes aglomerações, não era muito afeito à vida noturna, vivia discretamente, pois dessa maneira acreditava que não chamava a atenção da bandidagem.

Saía de casa apenas para ir à faculdade e para o estágio, essa era sua rotina. Aos finais de semana, tinha sempre um momento reservado para visitar o apartamento de sua tia, sua grande amiga, companheira e conselheira, na verdade sua segunda mãe. Algumas vezes, reunia-se para lanchar uma *pizza*, um pastel, mas a comida não era o atrativo principal. Na realidade, esse era mais um momento prazeroso de conversas descontraídas com suas primas que moravam bem perto de sua residência.

Também não faltava tempo para os ensinamentos Espíritas, sempre aos sábados. No início da noite saía de casa para assistir às palestras no Centro Espírita.

Foi em uma dessas palestras que ele foi apresentado ao *Livro dos Espíritos*, o primeiro publicado dentre os cinco livros que compõem a codificação Kardecista, livro de perguntas e respostas, o qual aborda vários assuntos; como em um estalar de dedos, logo despertou o interesse do jovem.

4.4 – Da Preparação para a Violência que Viria a Sofrer

Muitas vezes presenciamos situações e momentos que não sabemos por que vivemos, e por não compreendermos, perdemos a oportunidade do aprendizado.

Apesar de não entendermos o motivo, esses momentos nos chamam a atenção, nos incomodam, sem entendermos a razão, nem o porquê desses incômodos, ficamos perturbados.

No primeiro instante, tentamos digerir o significado daquela situação, matutamos um pouco aqui, um pouco acolá. Sem respostas, deixamos para lá, tocamos a vida em frente. Afinal de contas, acreditamos que nada tem a ver conosco. Ledo engano, apenas mais um de tantos outros que cometemos em nossas vidas.

Enfim, no presente não enxergamos, mas no futuro precisaremos desse instante, só então compreenderemos que estávamos passando por um momento de preparação, mesmo sem perceber. Essa é a preparação das provas. Vejam se não foi exatamente assim que aconteceu com o nosso personagem.

Em uma noite de sábado, estando o jovem acadêmico no centro Espírita que frequentava, recebeu ali uma lição que dentro em pouco precisaria demais utilizá-la.

O palestrante da vez trouxe ao conhecimento de todos o ensinamento sobre o tema: O BEM E O MAL.

Explanou de forma brilhante, iniciou dizendo, fundamentado na questão 629 *de o Livro dos Espíritos:*

– "A moral é a regra para se conduzir bem, quer dizer, a distinção entre o bem e o mal. Ela se funda sobre a observação da lei de Deus. O homem se conduz bem quando faz tudo em vista e para o bem de todos, porque, então, ele observa a lei de Deus".

Prosseguiu dizendo o que estava descrito na questão 636:

– "A lei de Deus é a mesma para todos, mas o mal depende, sobretudo, da vontade que tem de fazê-lo."

O jovem acadêmico começou a refletir: "Será que sou uma pessoa boa ou ruim? Segundo a resposta *de o Livro dos Espíritos* e me autoanalisando não tenho o propósito de fazer o mal a ninguém e, portanto, posso me considerar uma pessoa boa?".

O jovem se esqueceu de que não basta apenas não querer o mal, é necessário, acima de tudo, procurar fazer o bem. Sendo exatamente neste ponto que reside a distinção do BEM e do MAL.

Foi quando o palestrante finalizou dizendo o questionamento 639:

– "O mal recai sobre aquele que lhe deu causa". E conforme a questão 646: "O mérito do bem está na dificuldade. Não há mérito em fazer o bem sem trabalho, e quando nada custa". Quanto mais enfrentarmos o mal, a dificuldade com resignação, paciência e serenidade, mais aprendizado teremos e, consequentemente, o mérito do bem será ainda mais intenso – asseverou o palestrante.

Dessa forma, tudo aquilo que aprendemos na teoria necessita ser consolidado na prática. Não poderemos jamais afirmar que somos pacientes se não existirem situações que possam vir a testar essa virtude. Feliz quem consegue ter a oportunidade do aprendizado.

A dor ou o amor são dois caminhos distintos que levam ao mesmo propósito: o ensinamento.

Precisamos entender que não é Deus que, de forma aleatória, determina por qual prova devemos passar, se pela dor ou pelo amor. Nós somos os senhores dos nossos destinos, por meio das nossas atitudes do presente, plantamos a colheita que virá invariavelmente no futuro.

Terminou a palestra, mas os ensinamentos não. O jovem saiu em direção a sua casa, encafifado, pensando:

"Eu não sou uma pessoa boa porque nunca enfrentei o mal? Preciso ser testado? Tenho de perceber o mal de frente, em uma realidade nua e crua para ter certeza de que vou optar pelo caminho do bem? Acho que eu posso conhecer o mal sem vivenciá-lo. Será que foi isso mesmo que entendi? Ou compreendi tudo errado? De qualquer forma preciso comprar esse *o Livro dos Espíritos*, preciso estudá-lo, necessito inteirar-me do assunto para tirar as conclusões corretas".

Ao chegar a sua casa, a primeira coisa que fez foi pegar o telefone e ligar para sua tia-mãe. Pediu a ela que lhe comprasse um exemplar *de o Livro dos Espíritos,* e ela lhe prometeu que na semana seguinte, sem falta, levaria o livro, não só ele, mas também toda a codificação organizada por Allan Kardec.

Naquele momento, o que movia aquele jovem era a curiosidade para alcançar o aprendizado. Mas ele não imaginava que teria, dentro em breve, a oportunidade de colocar em prática tudo que estava a compreender de uma forma tão viva, cujos ensinamentos jamais sairiam de seu ser.

Aquele instante antecedia a dificuldade. Nos momentos difíceis, infelizmente, ainda temos a tendência de duvidar das certezas que pensávamos que já havíamos construído em nossos seres. Principalmente em relação a Deus, colocando-O na berlinda, julgando a

Sua bondade, perdendo a fé e dando espaço à revolta, sendo esta a nossa maior imperfeição.

A prova só poderá verdadeiramente ser chamada de lição se for suportada de forma convicta. De outro modo, a certeza vira amargura, e esse sentimento nefasto bloqueia o entendimento, deixando o medo, o ódio, o rancor e a ansiedade imperarem.

Nada acontece por acaso, nem mesmo as dificuldades. Seus maiores medos, precisam ser espantados, e não existe outro modo a não ser enfrentá-los.

Qual era o maior medo do jovem acadêmico naquele momento da sua vida?

Aqui já foi relatado bem claramente esse medo, precisamos verificar: estamos atentos à leitura? Rabisque em um pedaço de papel essa resposta. Ao final do livro você a comparará.

E por falar em medo, qual o seu maior medo? Por qual motivo o tem? Será um trauma? Como enfrentá-lo?

4.5 – O Primeiro Aviso

No dia seguinte à palestra assistida, a tia do jovem acadêmico ligou para ele, ainda pela manhã, e o convidou para ao final daquele dia, início da noite, irem passear no *shopping* e jantar. O convite foi de pronto aceito.

O dia transcorreu sem grandes diferenças do que costumavam ser seus domingos, estudou um pouco e descansou bastante.

No horário combinado, estava o jovem em frente à entrada principal do *shopping* a esperar sua tia, que não demorou a chegar; com ela veio uma prima sua e os três saíram a bordejar, nome adotado por eles para definir os costumeiros passeios que faziam pelo centro de compras.

Naquele domingo o passeio era especial, pois sua prima havia festejado aniversário há poucos dias e o grupo comandado pela tia, que na verdade tratava-se de uma mãe para aqueles jovens, estava a escolher um presente para a moça recém-aniversariante.

Olhavam vitrines, admiravam os mais diferentes objetos, até que a moça se agradou de uma roupa exposta em um mostruário e resolveu entrar na loja para experimentar.

Enquanto ela conversava com a vendedora e escolhia a peça da sua preferência, o telefone celular da tia tocou. Antes de atender, ela pediu licença para se afastar um pouco dos dois jovens, que permaneceram na loja, e então poder falar com sua irmã.

Ao voltar para a loja, o presente já estava escolhido, a tia fez o pagamento e convidou os sobrinhos para seguirem até a praça de alimentação, para escolherem o que iriam jantar.

No caminho até o restaurante, a tia revelou para os jovens a conversa que havia tido com sua irmã. Disse ela que o marido de uma de suas sobrinhas que morava em São Paulo havia sofrido um sequestro-relâmpago.

Os sobrinhos, abismados com o relato, apressaram-se para perguntar se estava tudo bem com ele e se já o haviam libertado.

A tia não demorou muito a responder e acalmar os aflitos, dizendo que, graças a Deus, ele já tinha sido libertado e estava bem, não tinha sofrido nenhum ferimento físico, só estava com o trauma da violência sofrida. A polícia tinha sido avisada da ação dos bandidos e haviam conseguido resgatá-lo a salvo.

Tratava-se de uma realidade muito distante da que o jovem acadêmico vivia. Ele andava sempre de ônibus, não tinha riqueza que pudesse ser cobiçada por bandidos, portanto, a lógica era que ele não passaria por tal situação, no seu pensamento, achava que, no máximo, poderia sofrer um roubo de celular ou de um relógio, sua carteira e nada mais que isso.

Mas aquele relato incomodou o jovem acadêmico, que não sabia definir se era um compadecimento pelo que o marido de sua prima tinha vivido, ou até uma tentativa de se solidarizar com seus familiares, em uma forma de se aproximar mais dos parentes naquele instante de trauma.

O jantar transcorreu e tentaram falar sobre outros assuntos, um ou outro contava uma história mais engraçada para descontrair o ambiente, mas o pensamento do jovem acadêmico permanecia de certa forma impactado com o relato do sequestro-relâmpago.

O momento de permanecerem juntos acabou, já estava ficando tarde, no outro dia todos tinham seus afazeres a realizar, então se despediram e encaminharam-se para seus destinos.

Mas, antes da despedida final, a tia disse para o sobrinho que não havia se esquecido do pedido que havia feito em relação à compra *de o Livro dos Espíritos*, que ainda não tivera tempo de fazê-lo, mas acreditava que ao longo da semana teria tempo e iria comprar o livro, marcando assim o dia para lhe entregar.

O jovem acadêmico agradeceu a companhia para o momento, pediu a bênção de sua tia que, como sempre fazia, respondeu:

– Deus o abençoe e proteja de todo mal.

– Que assim seja, tia! –, respondeu o sobrinho, para depois se abraçarem e partirem rumo às suas residências.

Desfrutar da companhia da sua tia, sua segunda mãe, sempre era muito bom. Naquela noite o encontro findou, mas a reflexão com o episódio do sequestro-relâmpago permaneceu.

O jovem não entendia por que tanta perturbação com aquela história, estava intrigado, era perceptível o mal-estar e ele não estava tranquilo como de costume.

Chegando a sua casa, resolveu fazer uma prece endereçada para a sua prima, o marido dela e todos os parentes seus que residiam em São Paulo, tentando emanar forças positivas para ajudá-los a ultrapassar o momento de trauma vivido.

Após a prece, já se preparando para dormir, entregou-se mais uma vez às indagações sobre seu incômodo com o acontecimento do sequestro-relâmpago. Esforçava-se para pegar no sono, mas continuava sem entender o motivo da perturbação. O certo é que não parava de pensar no ocorrido.

Chegou até a pensar como reagiria se fosse sequestrado. Será que iria tentaria fugir? Lutaria com os bandidos? Ou ficaria calmo e paciente?

– Mas que grande besteira essa minha. Para que perder meu tempo pensando sobre isso? Se existe uma coisa de que tenho certeza pela qual não passarei nesta vida é ser vítima de um sequestro. Eu não sou rico, eu não tenho nada que possa ser cobiçado. Portanto vou ficar tranquilo. Não sei por que estou tão inquieto com esse assunto! Acho que estou mesmo é com medo. Estou assistindo demais ao jornal policial; quando ligo a televisão só vejo notícias de violência e tudo isso está contribuindo para que eu fique amedrontado, com medo de tudo, preciso me esquecer disso. Já está na hora de dormir, pois amanhã acordo cedo –, concluiu o jovem.

Ligou o rádio, procurou uma estação com músicas mais suaves, buscou relaxar e enfim conseguiu dormir.

Ao acordar, o primeiro pensamento que veio à mente foi justamente sobre o episódio do sequestro-relâmpago, nas primeiras horas do dia permaneceu pensando nesse assunto, que só cessou com o passar do dia, após se envolver em suas atividades rotineiras.

4.6 – Na Véspera do Sequestro

No dia 3 de maio de 2006, após mais um dia cansativo de estudos e trabalhos, o jovem acadêmico voltava para casa, por volta das 19h30.

Naquela noite de quarta-feira, em especial, parece que o cansaço era maior que no dia anterior, a fadiga do corpo físico era tamanha, que o jovem acadêmico resolveu não fazer jantar, nada de fazer sanduíches, iria comer fora e assim o fez, apenas subiu até seu apartamento, tomou um rápido e refrescante banho, tirou aquela roupa suja do dia e dirigiu-se para uma pracinha que ficava em frente ao apartamento.

Essa praça era um lugar bem agradável, ao longo de toda sua extensão tinha diversos quiosques, com os mais variados tipos de comida: pastel, espetinho, *pizza*, sanduíche, etc. Todos com preços bem acessíveis para um estudante.

Naquela noite, escolheu um *trailer* que servia um saboroso sanduíche de frango feito no pão árabe. Já tinha costume de comer ali, vez ou outra recorria àquela comida.

Sentou-se em uma mesa bem em frente à portaria de seu prédio, onde havia outras mesas ocupadas, não muitas, cerca de três ou quatro, o que já era quase que a lotação máxima do quiosque. Corria uma leve brisa e o ambiente era bem agradável. Enquanto seu pedido era preparado, descansava refrescando-se com o vento que pairava e aproveitou para assistir ao jornal local.

4.7 – O Segundo Aviso

Dentre várias notícias veiculadas no noticiário, uma em especial, chamou muito sua atenção, tratava-se da seguinte: uma jovem moça, filha de um bem-sucedido empresário do interior do Estado, fora sequestrada. No cativeiro, enquanto era mantida em cárcere, teve de conviver com algumas cobras que lhe amedrontavam e ao mesmo tempo serviam para que a moça não tentasse fugir.

Passou cerca de uma semana nessas condições, até que seu pai pagou o resgate e ela foi posta em liberdade, mas antes da libertação sofreu ainda outra violência, os bandidos soltaram a moça, mandaram ela correr o quanto podia e soltaram cachorros famintos para persegui-la. Mas depois de todo o sofrimento, a refém já estava em companhia de seus familiares sã e salva.

Aquele poderia ser só mais um caso de violência como tantos outros que são veiculados nas televisões e rádios todos os dias, mas aquela situação mexeu, tocou aquele jovem de uma forma diferente, ele não entendia o motivo, sentiu apenas que tudo aquilo lhe causou um arrepio na espinha, uma sensação estranha, um medo, mas ele não sabia de que tinha receio, não era simplesmente da violência, era algo maior.

Sem entender o que se passava consigo mesmo, acreditou que era apenas sensibilidade excessiva. Achou que aquele sentimento era apenas por compartilhar da dor alheia, enxergar o próximo.

O pensamento foi instantâneo: "Pobre moça, que Deus esteja confortando ela e sua família; vão precisar de muita força para superar tamanho trauma". Antes mesmo de começar sua refeição, que acabara de chegar, fechou os olhos por um instante e começou a rezar, sem nunca ter visto aquela moça, sem saber nem sequer seu nome, uma vez que a reportagem para preservar sua intimidade não divulgou nenhum dado pessoal. Mas fez uma rápida prece, porém muito sincera, rogando ao Pai de infinita bondade que protegesse aquela família, que mais uma vez as forças do Bem agissem impedindo que o mal destruísse aquela vida.

Pela segunda vez, uma história envolvendo uma modalidade de sequestro intrigava aquele jovem. Não poderia ser apenas o acaso, não era apenas uma sensação que não merecia maior importância. Era a repetição de um incômodo, por isso merecia uma reflexão.

Começou a comer, mas a comida não descia, parecia presa à garganta. Não se sentia bem, aquela dramática história não tinha sido digerida, foi quando começou a se indagar:

– Por que estou tão aflito com esse relato? Afinal, nem conhecia aquela moça! Preciso me acalmar.

Nessa tentativa pensou que só podia ser o cansaço do dia que estava lhe causando isso, não havia motivo para tanta aflição, afinal não tinha nada a ver com aquela situação, e além do mais, vivendo da forma modesta como ele vivia, fora o fato de sua família não ser rica, ele jamais passaria pela prova de um sequestro. Então tudo não passava de bobagem, imaginação de sua cabeça, não havia razão para que ele estivesse com tanto medo daquele relato.

Achou melhor evitar assistir ao jornal: "Só passam notícias ruins, é melhor optar por ler um livro, fazer uma leitura edificante. Daqui para a frente vou evitar esse tipo de assunto", pensou.

Terminou o seu jantar, mas o mal-estar permanecia; estava tão evidente que a dona da lanchonete perguntou:

– Meu filho, você está se sentindo bem? Precisa de ajuda?

O jovem logo respondeu que não necessitava de ajuda, que estava ótimo, sendo apenas o cansaço do dia, precisava mesmo de uma boa noite de sono. Pagou a conta e foi direto para o apartamento.

Apesar de não admitir, o relato do sequestro ainda povoava seus pensamentos. E ele, sem entender, perguntava-se que sensação ruim era aquela que estava sentindo, nunca tivera aquilo antes.

Aquela era a segunda vez. Da primeira, incomodara-se com a história do sequestro do marido de sua prima, achando que era porque se tratava de uma pessoa conhecida. Aquilo que só via na televisão, que achava que nunca ia acontecer com alguém próximo, havia acontecido. Mas agora, nem conhecia aquela jovem. Por que tudo aquilo o incomodava tanto?

– Ah, acho que foi por conta da história das cobras. Tenho muito medo de cobras e não gosto nem de imaginá-las, porque já fico logo arrepiado. Só pode ser isso, ou eu vou é ficar doente. Outra explicação não há e de uma coisa tenho certeza: medo de ser sequestrado não é, pois não existe a menor possibilidade de acontecer isso comigo. Só é sequestrado quem é de família muito rica, o que não é o caso da minha. Esse é o lado bom de ser pobre, pelo menos vivemos mais tranquilos, não precisamos temer sequestros, corremos o risco de um assalto para roubar celular ou algum outro objeto de pequeno valor, mas sequestro, não.

Todo esse esforço mental não conseguiu desvencilhar o pensamento do jovem acadêmico daquele episódio, nunca antes uma reportagem o tinha impactado tanto.

Começou a tentar estudar e, envolto nos estudos, esqueceu um pouco daquela angústia que sentia. Estudou por volta de uma hora e, após, colocou uma suave música, deitou-se em sua rede, começou a se balançar e tentou relaxar.

Volta e meia a reportagem vinha em seu pensamento, estava como que o perseguindo, mas ele estava decidido a não mais pensar nisso.

Fez uma oração, como costumava fazer todas as noites, mas dessa vez incluiu a moça que fora sequestrada em suas preces.

O cansaço chegou, o corpo esmorecido se rendeu ao sono, dormiu a noite inteira, um descanso reparador, acordou com o toque do despertador no horário de sempre, bem-disposto e pronto para enfrentar mais um dia de estudo e trabalho.

Tomou seu banho, fez seu café e vestiu a roupa. Escolhera para aquele dia que se iniciava um tênis bem confortável, uma calça *jeans* preta e uma camisa azul, que tinha sido presente de sua tia do interior e que ele adorava.

Pegou seu material escolar, que era composto de uma pasta preta que levava pendurada a tira colo. Dentro tinha um caderno, algumas canetas, um livro de legislação, sua carteira com seus documentos pessoais e um pouco de dinheiro para as despesas do dia, além de seu pequeno celular.

Saiu apressado para a parada de ônibus. Levava com ele aquela sensação de que estava esquecendo alguma coisa, tentou lembrar, mas só recordou o que era quando já estava na parada à espera do ônibus.

– Ai, meu Deus, esqueci-me de separar a roupa para a faxineira lavar, esqueci que hoje é o dia de ela vir, preciso voltar correndo para separar a roupa, deixar o dinheiro da faxina e da quentinha para ela, além da chave na portaria.

Apressou os passos, na verdade voltou correndo, fez tudo aquilo que tinha esquecido da forma mais rápida que pode, entregou a chave ao porteiro pedindo que a desse à faxineira e correu de volta para a parada de ônibus.

Toda a correria tinha um único propósito, não perder o ônibus que passava rigorosamente às 6h20. Quando já estava próximo da parada percebeu que o transporte já estava passando, correu mais ainda, gritou, pedindo ao motorista que parasse para ele embarcar, mas já era tarde demais.

O ônibus das 6h20 se fora e o jovem acadêmico ficou sozinho aguardando o próximo, que só passaria às 6h40. Fazer o quê? Tinha de esperar. O pior é que naquele horário da manhã a rua ainda estava um pouco deserta, eram poucos transeuntes e só ele debaixo daquela marquise.

Ele avistou de longe uma bela motocicleta com aquele roncado característico das motos de competição, olhou com admiração o trafegar daquele veículo, visualizou com muito fascínio e o acompanhou até onde sua vista alcançou.

Quando de repente, em fração de segundos, escutou de forma repentina uma freada brusca de pneus no asfalto, momento em que foi rapidamente cercado por algumas pessoas que colocaram um saco de pano preto em sua cabeça, impedindo-o de enxergar qualquer coisa, algemaram-no e jogaram dentro de um carro, antes mesmo de ele ter tempo de esboçar alguma reação, nem mesmo teve tempo de falar alguma coisa.

O coração batia acelerado, os pensamentos a mil, as sensações eram indecifráveis a ponto de não identificar qual o sentimento que imperava nele diante daquele momento aflitivo. Sentia um turbilhão de sentimentos, em sua grande maioria ruins, não sabia se o medo o dominava ou se a aflição o consumia, por certo ter o receio de que lhe aconteceria o pior era seu incômodo companheiro.

O jovem acadêmico nunca teve a violência presente em sua vivência, os seus pais nunca haviam lhe batido em toda sua curta existência, conhecia o lado brutal do ser humano pela televisão e, por assim dizer, só de ouvir falar.

Foi apresentado logo a um dos mais cruéis e traumatizantes tipos de crime, o sequestro, a partir daquela hora teria de conviver por alguns dias com a violência, senti-la, vivenciá-la, no qual a fuga não lhe seria permitida e sua única opção era enfrentar tudo aquilo que ele mais temia acontecer.

Como enfrentar a violência? Revidando, tentando fugir? Será que a violência seria o caminho para sua libertação? Ou deveria preservar a vida, permanecendo calmo diante da aflição?

De forma impressionante até para ele mesmo, o jovem acadêmico se manteve relativamente calmo, transparecia um semblante de tranquilidade. O primeiro recurso utilizado para combater a violência sofrida foi a prece, buscou nela ter a serenidade para pensar e não praticar nenhuma atitude repentina ou impulsiva.

Estava nesse esforço mental de tentar manter a calma, quando escutou uma voz grossa, totalmente desconhecida de sua vivência. Não conseguiu identificar de quem poderia ser, quando uma arma foi abruptamente encostada na sua cabeça:

– Fique quietinho aí, não fale nada, você está sendo preso, acusado de juntamente a seu pai ter matado uma pessoa lá na sua cidade natal.

O jovem acadêmico, meio que digerindo aquilo tudo que lhe acontecia, reuniu forças, mesmo que desobedecendo à ordem recebida de ficar calado, e perguntou:

– Como que eu matei alguma pessoa lá no interior, se não saí daqui de Fortaleza nesse último mês?

– Fica quieto, ou então vou começar a lhe bater, é isso que você quer? –, retrucou o bandido.

O jovem nada mais falou, ficou apenas dialogando com seus pensamentos, que diziam: "Meu Deus, será que isso é um sonho, uma brincadeira ou um pesadelo? Isso não pode estar acontecendo comigo? Eu não mereço isso".

Lembrando-se da história do marido da sua prima, pensou: "Será que é um sequestro-relâmpago? Se for eu, estou em maus lençóis, pois não tenho cartão de crédito, não tenho cheques e o dinheiro que tenho na carteira são apenas alguns trocados, o suficiente para pagar a passagem de ônibus e o almoço. Eles não vão acreditar que eu só tenho esse dinheiro e vão me matar. E agora, Senhor, ajude-me, o que eu faço?", indagava-se mentalmente.

Lembrando-se, também, da história da moça que foi sequestrada, pensou: "Será que é um sequestro? Sei que um sequestro é um sofrimento maior, um crime muito cruel, posso ser torturado, posso passar vários dias sofrendo nas mãos dos bandidos, mas pelo menos terei uma chance de sobreviver a tudo isso.

Será que eles estão me levando para um cativeiro? Será que conseguirei suportar essa prova? Acho que não vou aguentar. Ajude-me, Pai, pois agora só com o Senhor posso contar".

Assim começou o martírio, toda aquela angústia que vivera na noite anterior, ao assistir à reportagem sobre o sequestro da moça, estava acontecendo com ele. O incômodo que aquela situação trouxe, como que um alerta, uma preparação para algo que ele viveria.

No entanto, ele só entendeu o alerta da pior forma possível, vivendo todo aquele tormento.

4.8 – O Caminho até o Cativeiro

Em nenhum momento os bandidos anunciaram o sequestro, só falavam a todo instante para o jovem que ficasse quieto. Mas uma pergunta que eles fizeram trouxe a certeza de que se tratava de um sequestro.

Os bandidos perguntaram, em tom bem ameno:
– Cadê seu celular?
O jovem respondeu:
– Está no segundo bolso da minha pasta.
Eles abriram a bolsa, pegaram o celular e perguntaram como estava o nome de seu pai na agenda.
O jovem, atemorizado, respondeu:
– Procure pelo nome PAI.

Depois de encontrarem o número pretendido, calaram-se por um instante.

Com isso ficou fácil para o jovem entender, mesmo que sem palavras claras, que tudo aquilo se tratava de um sequestro e que ele estava sendo usado como moeda de troca para atingir sua família. Pensou: "Meu Deus, mas minha família não é rica, no máximo minha família é de classe média baixa. Por que isso está acontecendo comigo? Nesta cidade há muitas outras famílias muito mais ricas que a minha, por que a minha está a sofrer isso? Acho que meus pais não terão como pagar um resgate".

De repente, os ânimos começaram a se alterar. Um dos meliantes avisou aos demais, em tom bem grosseiro:

– Agora ferrou, tem uma *blitz* logo ali na frente, preparem as armas, se eles perceberem alguma coisa, não vamos nos render, a ordem é meter bala nos macacos. Entenderam bem?! Nós não vamos nos render, eu não volto para cadeia de jeito nenhum, prefiro morrer lutando a voltar para aquele inferno.

O bandido, que estava apontando a arma para a cabeça do jovem, ordenou que ele se abaixasse o máximo possível e disse:

– Não tente fazer nenhuma gracinha para chamar atenção da polícia, porque será pior para você, pois você morre agora mesmo. Se não quiser morrer, fique na sua.

O jovem, agora encolhido no canto esquerdo traseiro do carro, voltou a sentir o coração acelerar, não tinha alternativa a não ser, mais uma vez, se apegar às forças das suas orações.

Pediu muito intensamente ao seu grande amigo e protetor, Santo Expedito, que intercedesse junto a Jesus por ele. E começou sua oração assim:

– Meu Pai, se não for a minha hora, me conceda força para suportar tamanha provação, sei que nada é por acaso, confio no Senhor, faça o que for melhor para mim, mas se puder, me ajude a permanecer tranquilo. Se for para que a polícia perceba a ação, tente revidar e eu venha a desencarnar, que assim seja, mas peço que eles não percebam, vou sofrer no cativeiro privado da minha liberdade, mas terei uma chance de permanecer encarnado.

Sem muita demora suas orações foram atendidas, o carro passou sem que a polícia notasse nada, não mandaram parar.

Seguindo o caminho pretendido pelos bandidos, levaram o jovem a um terreno baldio, retiraram-no do carro em que estava, colocaram-no de joelhos no chão, sempre com a arma na sua cabeça, e mandaram esperar.

Alguns minutos passados, o jovem escutou o barulho de outro carro que se aproximava. Parou, desceram algumas pessoas desse veículo. Aqueles que estavam em poder do jovem passaram a vítima para a posse dos outros integrantes.

Os bandidos que agora ficaram com o jovem, estavam bem nervosos. Já chegaram socando as costelas dele, dizendo em tom de gritaria:

– Fique calado, seu safado, ou então você vai morrer, seu merda!

Mandaram o jovem ficar com os olhos fechados, tiraram o saco da cabeça dele e passaram uma fita adesiva, do tipo fita gomada, que se vende em papelaria, impedindo sua visão.

O artifício cobria toda região dos olhos ao nariz, deixando espaço para respirar, estando boca e nariz livres. Disseram-lhe, impondo medo:

– É melhor que você não esteja vendo nada, nem tente nenhum modo para enxergar alguma coisa, pois se você vê o rosto de algum de nós, morre na mesma hora. Outra coisa: não tente levantar a fita presa no seu rosto, se fizer isso, a fita rasga, e logo nós ficaremos sabendo. Se isso acontecer, será castigado, estamos entendidos?

O jovem apenas respondeu:

– Garanto que não estou vendo nada, nem vou tentar enxergar nada, o que eu quero é apenas sair vivo desta.

Os sequestradores responderam:

– Bom menino. Dessa forma é melhor para você –, levaram-no para dentro de outro carro.

Novamente o jovem ficou encolhido do lado esquerdo traseiro do carro, sempre com a arma encostada na sua cabeça.

4.9 – A Chegada ao Cativeiro

Cerca de meia hora depois, o trajeto estava finalizado, pois haviam chegado ao local do cativeiro.

Retiraram-no do carro e conduziram o jovem para dentro de um quarto. Colocaram-no sentado em um colchão disposto no chão do cômodo e, antes disso, retiraram as algemas que prendiam as mãos para trás, algemando-o com as mãos para a frente.

Um dos sequestradores – neste momento havia três, disse aos gritos:
– Tire toda a roupa, fique totalmente nu, seu vagabundo.

O jovem, amedrontado, sem querer se despir, disse:
– Não precisa fazer isso comigo, eu prometo que fico quieto.

Os bandidos começaram a rir. Riam muito, caçoando da situação de medo em que o rapaz se encontrava. Mas um dos meliantes, que aparentava ser o líder do bando, disse:
– Não vamos fazer isso, não. Pode ficar vestido, tirem apenas os tênis dele.

Retiraram o calçado e amarraram os pés do jovem e lhe disseram:
– Essas primeiras horas serão cruciais para você, nós vamos fazer contato com seu pai e a televisão ficará ligada o tempo todo, vamos assistir a todos os jornais, se tiver alguma nota sobre este seu sequestro, você morre, entendeu?! Se você sabe rezar, pode começar, porque sua batata está assando. Não pense que você ficará sozinho, terá sempre uma pessoa vigiando, 24 horas por dia, é melhor não tentar fugir – e saíram do quarto, deixando o jovem ali sozinho com seus pensamentos.

4.10 – O 1º Dia no Cativeiro

A tensão daquele dia havia sido, até aquele momento, muito intensa, mas ainda tinha muita coisa para acontecer até o findar daquela jornada.

O jovem estava com uma mistura incessante de sentimentos, tinha muito medo do que ia acontecer com ele, mas de certa forma tinha também que agradecer a Deus por ainda estar vivo naquele instante.

Tentava imaginar o que faria daquele momento em diante. Como suportaria aquela privação de liberdade? Ele que nunca tinha sofrido violências físicas estava em meio a um sequestro, e se quisesse viver, precisava se adaptar o mais rápido possível àquela situação.

Como conviver com o seu algoz? Tinha perdido o que há de mais precioso para um ser humano: a liberdade. Teria de viver pelas mãos do inimigo.

Começou a raciocinar, refletir sobre tudo que estava acontecendo. Pensou primeiro em seus pais, como eles iriam receber a notícia daquele sequestro? Pediu a Deus que lhes desse forças para suportar tudo.

Quanto a ele, constatou logo que havia perdido a liberdade, mas isso não era tudo, ainda tinha todo o tempo possível para pensar, raciocinar, usar sua inteligência... não poderia fraquejar.

Teria de ser bastante hábil com as palavras para não colocar seus pais em dificuldades ao responder às perguntas que os sequestradores iriam fazer e, também, não poderia deixar de responder a tais perguntas, pois eles iriam descontar em forma de violência.

Se ele não tinha a liberdade de locomoção física, tinha a liberdade de pensamento. Só precisava utilizar essa liberdade a seu favor, pois uma compensaria a restrição da outra.

Outra coisa que lhe deixou bem mais tranquilo e convicto de que suportaria toda aquela dificuldade, foi o fato de que, quando os sequestradores fizeram a revista no jovem para retirar todos os seus pertences, não perceberam que ele carregava no bolso esquerdo de sua calça a imagem de seu protetor Santo Expedito.

Não sei se o leitor se lembra, mas no início deste livro relatamos que o jovem acadêmico nunca saía de casa sem carregar seu santinho no bolso de sua vestimenta. Pois bem, no momento do sequestro não foi diferente, ele estava com seu guia.

Esse simples fato se revestiu de enorme importância, trouxe uma certeza para o jovem de que tudo daria certo. A situação era difícil, mas ele poderia ultrapassá-la.

O dia transcorria, durante todo o momento dos telejornais o coração daquela jovem criaturinha batia mais acelerado, com medo de que tivesse seu caso noticiado na televisão e que a ameaça dos sequestradores se concretizasse.

Mas o jovem estava usando de todas as armas que tinha naquele momento, não parava um instante de rezar, em uma tentativa de elevar o pensamento a Jesus para que se mantivesse calmo e paciente. Buscava ter sempre pensamentos positivos.

Chegou a hora do almoço e os sequestradores adentraram no quarto, mandaram ele estirar as mãos e colocaram nelas um recipiente plástico, dizendo que continha sopa e que aquilo seria seu almoço.

O jovem pensou se não haveria algum tipo de veneno naquele alimento, ou um tipo de calmante para fazê-lo dormir. De outro modo, se ele não comesse, iria morrer de fome, não sabia quanto tempo iria permanecer ali, tinha de se alimentar.

Resolveu então comer, mas antes, precisava fazer uma prece agradecendo a Deus pelo alimento, pedindo que além daquela comida do corpo físico ele também recebesse o alimento do espírito. E que toda e qualquer pessoa, amigos ou inimigos, que naquele instante estivessem a passar pela privação do pão material, encontrassem a força e o alimento do espírito.

Tomou a sopa, chamou o bandido que estava a pastoreá-lo, entregou-lhe a vasilha e agradeceu pelo almoço.

Aí percebeu que, até aquele dia, nunca antes em sua vida havia feito uma prece antes de qualquer refeição, sempre teve o alimento em abundância, mas não sabia agradecer ao que tinha. E decidiu que a partir daquela vivência, nunca mais iria comer qualquer alimento sem antes agradecer a Deus.

Mesmo no cárcere, o aprendizado não cessa, uma vez que em todas as situações podemos aprender.

O dia chegava ao fim, não havia saído nenhuma menção ao seu sequestro na tevê. Aquele momento de aflição havia sido vencido. Mas continuava nas mãos dos bandidos.

Sem enxergar nada, pois continuava vendado, sem poder se locomover, já que estava algemado e amarrado, só conseguia ter uma noção do tempo, porque estava atento, escutando a programação da televisão. E pelos programas conseguia associar e saber mais ou menos em que horário estava.

Sabia que a noite chegava, para os seus olhos da matéria tudo era escuridão.

Estava com muito medo de a venda prejudicar sua lente de contato, causando alguma lesão nos seus olhos, já tão deficientes, mas não tinha muito o que fazer.

Resolveu então pedir ao sequestrador para tirar a lente de contato evitando assim problema futuro.

O sequestrador não gostou nada do pedido, reagiu da pior forma possível, o que já era de se esperar, dizendo-lhe que não queria nem saber se ele ia prejudicar a visão ou não, que era problema dele e que calasse a boca e fosse dormir, ou ele o obrigaria a levar um sossega-leão.

O jovem, com medo da reação do sequestrador, pediu desculpas e voltou a ficar calado.

A noite chegou, o medo parecia que aumentara, ele não conseguia relaxar, não conseguia dormir. Tinha receio de, ao dormir, ser morto. A escuridão da noite o aterrorizava.

Voltou então a fazer suas preces, quieto no seu canto, ansiando que o tempo passasse rápido e que aquele pesadelo acabasse.

4.11 – O 2º Dia no Cativeiro

A noite entre o primeiro e o segundo dia de cativeiro transcorreu inteira sem que o jovem aprisionado conseguisse descansar. Estava em um constante estado de alerta, não conseguia relaxar, por isso o sono não veio.

No cárcere, vivia pelas mãos de seus inimigos, alimentava-se da comida que eles davam, quando eles traziam, até para ir ao banheiro só o fazia se fosse autorizado. Estava limitado em suas vontades, em seus movimentos.

Para nós, que nos achamos senhores das nossas vidas, viver limitado pelos mandos e desmandos de um bandido não é nada fácil.

Esse era o sentimento reinante naquele jovem que se sentia como um paraplégico sem estar preso a uma cadeira de rodas, mas que dependia dos outros para tudo. Com um agravante: os outros, no seu caso, eram aqueles que não tinham nenhum afeto por ele, eram, por assim dizer, seus inimigos.

O pensamento daquele jovem, apesar de ser livre, tinha de se adequar àquela nova realidade. Todas as suas atitudes, seus gestos, suas palavras, principalmente estas, poderiam causar malefícios à sua própria pessoa e principalmente aos seus familiares. Dessa forma, não poderia entregar-se ao desânimo e ao desespero, precisava da sua serenidade mais do que nunca para ultrapassar a situação tão difícil.

Em determinado momento, o silêncio que reinava durante a noites foi rompido com a seguinte frase, dita por um dos sequestradores:

– Acorde aí, Zé! Coloque as mãos para a frente e receba seu café da manhã.

"Zé" era o modo pelo qual os sequestradores chamavam o jovem aprisionado e também a forma que eles se tratavam entre si dentro do cativeiro. Portanto todos ali, prisioneiro e aprisionadores, eram chamados e atendiam pela alcunha de Zé.

Essa era mais uma tática usada pelos bandidos para que não houvesse perigo de serem pronunciados seus verdadeiros nomes, em uma tentativa de saírem impunes da prática desse delito. O jovem encarcerado apenas respondeu "bom dia", perguntando o que seria seu alimento naquela manhã, em uma tentativa vã de manter um diálogo com seu inimigo. O que não aconteceu.

O sequestrador respondeu ironicamente:

– Bom dia pra quem? Para você é que não é. Ou você está achando bom ficar preso? Para mim também não é bom dia, pois passei a noite inteira acordado, pastorando você. E sobre o seu alimento, é o que tem: leite com achocolatado, tome aí e não reclame.

Em silêncio o jovem recebeu o copo com o líquido, que serviria como seu desjejum, fez um esforço para tomar, uma vez que não estava com muito ânimo para comer, mas precisava se alimentar, haja vista que não sabia se teria outra refeição durante o transcorrer de todo aquele dia.

Antes de beber, lembrou-se novamente de agradecer a Deus pelo alimento. Devolveu o copo ao bandido, que saiu novamente do quarto.

Retornou à companhia exclusiva da sua consciência, que o fazia refletir: "Essa tática de demonstrar ser uma pessoa educada não vai dar muito certo, talvez seja melhor ficar calado e só falar quando for indagado".

A indagação preponderante naquele momento era: "Por que esse grupo resolveu me sequestrar? Será que algum inimigo quer se vingar? Mas não temos nenhum inimigo. Pelo menos que eu saiba, não temos.

Mas tudo isso não importa, tenho que fixar meus pensamentos em como sair dessa situação".

Em poucos instantes, novamente o silêncio do ambiente foi interrompido, uma música em volume máximo invadiu o quarto do aprisionamento, e assim permaneceu durante o transcorrer de várias horas sem cessar.

Quando o som baixou, o jovem escutou a porta do quarto se abrir, algumas pisadas denunciavam que se tratava de mais de uma pessoa, até que uma voz falou:

– Peguem ele. Rápido, levantem e o levem até o banheiro –, a ordem foi rapidamente cumprida.

Nesse curto intervalo de tempo, o jovem percebia seu coração novamente bater descompassado, o medo de forma mais intensa havia voltado a habitar seu espírito, pensava ele:

"Será, Senhor, que agora é a minha hora do desencarne?".

A voz do mesmo bandido disse:

– É o seguinte, Zé, vou ligar para seu pai, e você vai dizer que está sofrendo muito, que não aguenta mais, que está sendo torturado e vai pedir que ele pague logo o resgate, sem colocar a polícia na jogada, porque senão você morre. – E aos gritos finalizou: – Você entendeu aí? Se bancar o engraçadinho e disser uma palavra além das que eu mandei, você morre aqui mesmo, nós o trouxemos para dentro do banheiro, você sabe por quê?

O jovem respondeu com a voz trêmula:

– Não.

– Fácil! Porque aqui a gente mata você e fica mais fácil para limpar a sujeira.

Tudo isso transcorria com várias armas apontadas para a cabeça do refém.

Sem ter alternativa, muito apavorado, mas tentando manter a serenidade, o jovem encarcerado cumpriu as determinações impostas, falando tudo que havia sido predeterminado, mas ao final da fala disse:

– Pai, acredite em Deus, eu estou bem e vamos conseguir vencer tudo isso –, rapidamente o sequestrador desligou o telefone.

O momento foi um misto de sentimentos, estava com muito medo de morrer, mas, mesmo que de uma forma forçada, teve a oportunidade de falar com seu pai, pôde passar um pouco da realidade que vivia, no sentido de que estava confiante em Deus e que ele conseguiria suportar toda a agonia do cativeiro.

Mesmo limitado pelas ameaças, tentou mostrar para seu pai. que o que ele havia dito tinha sido uma imposição dos sequestradores, não traduzia o que ele realmente queria falar para seus familiares.

Nesse instante ficou a imaginar mentalmente como se estivesse nos braços de sua mãe, em um aconchegante momento familiar, e repetia incessantemente:

– Minha mãe, diga a meu pai que estou bem, se mantenham fortes por aí, na medida do possível, pois aqui é isso que estou tentando.

O dia transcorreu sem nenhuma novidade e a noite, a tão temida noite, novamente se avizinhava, quando adentrou no quarto o mesmo sequestrador que esteve pela manhã, ordenando-lhe o que ele falaria novamente com seu pai ao telefone.

Quando o bandido falou, o jovem logo reconheceu a voz e não teve dúvidas de que se tratava da mesma pessoa.

Falou com uma voz ponderada:

– Vou passar a noite aqui com você, Zé. Ficarei aqui lhe pastorando.

Diferentemente do outro sequestrador, que permaneceu todo o tempo fora do quarto, esse iria ficar dentro do recinto, bem próximo da vítima, a vigiá-lo de perto.

4.12 – O 3º Dia no Cativeiro

A noite que antecedeu o terceiro dia de cárcere foi ainda mais angustiante que as que haviam passado. Tudo por conta da presença desse bandido 24 horas dentro do quarto do encarceramento.

O jovem preso começou a se indagar: "Qual seria o propósito dessa vigilância tão de perto?". Afinal, a sua possibilidade de fuga era quase nula, uma vez que permanecia o tempo inteiro algemado, vendado e com as pernas amarradas, além de estar trancafiado em um quarto com vigilância ao redor constantemente. Portanto medo de fuga por parte dos sequestradores não deveria ser.

Talvez seria para conseguir algumas informações sobre sua família? Seria isso? Julgou que esse propósito fosse também pouco provável, uma vez que eles poderiam recorrer à violência da tortura para arrancar facilmente qualquer informação que quisessem.

Enfim, o intento daquela mudança estava lhe intrigando.

O certo é que já nos primeiros instantes em que o sequestrador permaneceu dentro do quarto ele já tentou manter um diálogo com a vítima. A todo instante perguntava assuntos variados, tais como: se o jovem gostava de comida nordestina, se ele gostava muito de estudar, perguntas aparentemente bem desinteressadas.

Mas o jovem, antes de responder a qualquer indagação, ponderava bastante, trazendo respostas que imaginava não prejudicar nem a si mesmo nem a sua família, que estava a negociar com os meliantes.

Em meio a algumas perguntas despretensiosas, outras eram perceptíveis, tinham o intuito de colher informações mais apuradas do cotidiano familiar da vítima.

Uma dessas indagações foi a seguinte:

– Você costumava frequentar sempre a pracinha para lanchar?

– Qual pracinha? –, indagou o jovem.

A resposta foi rápida:

– Aquela em frente ao condomínio em que você mora.

Com essa pergunta estava claro que eles sabiam detalhes da rotina do sequestrado.

O jovem não hesitou em perguntar:

– Vocês frequentavam a pracinha lá do meu prédio?

O bandido não escondeu o jogo e respondeu diretamente:

– Já estive lá algumas vezes para monitorar sua rotina. Inclusive na véspera do seu sequestro, eu estava em uma mesa ao lado da sua quando você estava comendo um sanduíche.

Pasmo com o relato ouvido, convicto de que esse episódio realmente acontecera e certo de que o sequestrador não podia estar adivinhando tal ocorrido, o jovem pôde perceber que já há algum tempo estava sendo monitorado.

Quando o algoz arrematou:

– Já estávamos seguindo você há cerca de três meses. Sabíamos de todos os seus passos. Só estávamos estudando o melhor momento para pegá-lo.

Isso causou mais medo ainda ao jovem, na verdade uma sensação de que ele estava inserido em uma trama muito bem projetada e cruel. E essa constatação o fez novamente temer se ele sairia vivo desse cativeiro.

Aquela sensação inicial, no momento da abordagem de que ele poderia ter sido sequestrado por engano, ou ter sido pego a esmo, aleatoriamente, não tinha mais razão de ser. Era ele mesmo e sua família que aquela quadrilha queria atingir.

Já havia passado um bom tempo, enquanto a vítima e o sequestrador conversavam, quando o algoz disse:

– Já está tarde, eu já estou cansado de tanta conversa, vamos dormir. Mas antes vou rezar, ler um pouco da minha Bíblia.

O jovem logo pensou: "Como assim um bandido rezando, lendo a Bíblia? É muita hipocrisia, leva uma vida de prática de crimes e antes de dormir conversa com Deus?".

O sequestrador perguntou:

– E você, tem alguma religião? Lê o Evangelho?

O jovem respondeu:

– Eu sou Espírita, leio todos os dias um pouquinho de *O Evangelho Segundo o Espiritismo*.

– Há! Você então é metido a macumbeiro, mexe com os mortos. Por que então sua religião não impediu de você ser sequestrado?

O jovem respondeu em voz altiva:

– O Espiritismo não é nada disso que você imagina. Tudo na vida tem algum propósito. Se hoje estou sendo vítima de um sequestro, há alguma razão de ser, não se trata de a religião impedir ou não que acontecesse, a religião vai me ajudar a superar tudo isso e compreender aquilo que preciso aprender, conforme os ensinamentos de Jesus.

– Pelo que vejo você acredita mesmo em Jesus, sendo assim, acho que não vai se importar que eu leia um Salmo da Bíblia em voz alta –, disse-lhe plangentemente o sequestrador.

O jovem respondeu:

– Pode ler, a palavra de Deus em nenhum momento é inoportuna.

O sequestrador abriu a bíblia e passou a ler o Salmo 24.

Esse episódio, como tantos outros ali vividos, não foi bem compreendido pela vítima, o jovem não entendia qual a intenção do sequestrador em ler a Bíblia para ele. Acho que aquilo devia se tratar de algum plano, mas não sabia identificar qual a intenção.

Mais uma noite transcorreu sem que o jovem conseguisse descansar. Eram vários fatores que não o deixavam dormir: a tensão que o receio de uma morte violenta lhe trazia, o incômodo que é estar o tempo inteiro algemado, amarrado e vendado, deitado sobre um fino colchão estirado no chão.

O corpo, apesar de cansado, não conseguia descansar. A mente permanecia em um estado constante de alerta.

Mas aquele Salmo lido, apesar de não compreender a razão, trouxe-lhe uma certeza de que Deus estava ali naqueles momentos de dor e aflição.

4.13 – O 4º Dia no Cativeiro

No início do quarto dia, a impaciência já começava a incomodar o jovem encarcerado.

Afinal, todos esses dias ele permanecia na mesma situação, comendo apenas alimentos líquidos, sopa e achocolatado com leite, sem tomar banho, sem direito a qualquer espécie de higiene, como por exemplo um simples escovar de dentes.

Já estava fedendo e sentia seus olhos doerem, o calor naquele quarto era insuportável.

Tomou coragem e resolveu falar mais uma vez, pedir que os sequestradores tirassem aquela venda dos olhos e o deixassem tirar as lentes.

Assim o fez, mesmo temendo a reação dos bandidos, quando lhe entregaram o café da manhã, o mesmo cardápio de todos os demais dias passados, leite com achocolatado. Agradeceu ao alimento recebido, antes mesmo de começar a ingeri-lo, e disse:

– Estou sentindo muita dor nos olhos, não sei o que está acontecendo, mas me incomoda muito, teria como vocês permitirem uma forma de tirar, por um instante que seja, esta venda, para ver do que se trata essa irritação?

Percebendo que o sequestrador não reagiu de imediato com palavras agressivas e de repúdio, continuou falando:

– Eu uso lentes de contato, pode ser que seja uma irritação por conta das lentes. Não estou inventando essa história, realmente estou muito incomodado com essa dor. Vejam o que podem fazer por mim.

O sequestrador disse:

– Aguarde um pouco aí. Vou falar com os meus parceiros, volto já para resolvermos esse problema.

Parecia que as reinvindicações do detento seriam atendidas, ou pelo menos dessa vez deixaram-no falar sem interrompê-lo. Aguardou por um breve instante, quando voltaram ao quarto e disseram:

– Tudo bem, vamos acreditar em você. Mandei alguém comprar uma garrafa de água mineral para você lavar seus olhos, isso pode ser uma infecção por conta da venda e do calor, mandei trazer também um ventilador para deixar ligado aqui no quarto.

Quando a água chegou, eles ordenaram que o jovem teria cinco minutos para tirar a venda, tomar um rápido banho, limpar bem a região dos olhos, voltar para o quarto e ficar de joelhos com os olhos fechados de frente para o canto do cômodo, momento em que eles entrariam e novamente colocariam a venda no jovem.

Antes de sair, como não poderia deixar de ser, de novo o ameaçaram, dizendo:

– Nem pense em abrir os olhos para tentar ver qualquer um de nós, é melhor para você não visualizar o rosto de nenhum, pois se isso acontecer você morre na hora. Portanto, se tem alguma chance de sair dessa vivo, é melhor que você não saiba quem nós somos, porque, se souber, morre na mesma hora. Entendido?!

A resposta do jovem não poderia ser outra, não tinha alternativas, precisava aceitar as imposições, o importante naquele instante era conseguir tirar a lente de contato, evitando um dano maior na sua visão já adoentada.

Tiraram as algemas das mãos, cortaram a fita que amarrava-lhe os pés, entregaram-lhe uma toalha, fecharam a porta. O jovem rapidamente levantou do colchão, tirou a fita gomada que vendava sua visão, momento de muita dor, mas que ele suportou em silêncio. A dor provinha do fato de a cola da fita ter pregado em seus cabelos, sua barba, enfim, por grande parte de sua cabeça.

Já sem a venda enxergou novamente, vendo tudo muito embaçado, pôde perceber que a região das pálpebras estava como que assada, talvez por conta da cola misturada com o calor que era grande naquele quarto.

Muito rapidamente, agradeceu a Deus a oportunidade de estar cuidando um pouco da sua visão, impedindo assim maiores danos.

Já no banheiro, que ficava dentro do próprio quarto onde estava aprisionado, tirou a roupa depressa, abriu o chuveiro e tomou um rápido banho, ou melhor, apenas molhou o corpo, já que o tempo era pouco e não tinha sequer um sabonete. Pegou a tolha, enxugou o corpo e começou a molhar com a água mineral a região dos olhos.

Dentro do tempo estipulado, já estava ajoelhado no canto do quarto, com os olhos fechados, e disse:

– Já terminei, podem voltar para colocar novamente a venda.

Os sequestradores adentraram no recinto, trazendo um grande pedaço de algodão, colocaram sobre as pálpebras, mas antes de passar a fita disseram:

– Realmente a região dos seus olhos estava meio que assada por causa do calor, mas não tem jeito, temos de colocar a venda de novo –, e assim o fizeram. Mas antes de deixarem o quarto e novamente o jovem voltar a ficar sozinho, ligaram um ventilador, que em parte aliviava o calor daquele lugar escuro e abafado.

Esses eram pensamentos do encarcerado, aliviado por ter conseguido amenizar a dor nos olhos, mas ainda muito aflito e angustiado com o passar dos dias em cativeiro.

Novamente voltou a se perguntar:

– Por que, Senhor meu Deus, que tenho de passar por essa situação, estou limitado em todas as minhas vontades, vivo das concessões dos meus inimigos. Quanto tempo mais irei aguentar tudo isso? Será que vou suportar?

Isso era muito ruim, a fé parecia enfraquecida, logo ela que até aquele instante era seu sustentáculo. Não poderia fraquejar, precisava continuar acreditando, e começou, em um esforço mental, a repetir o pensamento:

"DEUS NÃO É INJUSTO, NADA É POR ACASO, EXISTE ALGUM PROPÓSITO PARA ME ENCONTRAR NESTA SITUAÇÃO, JESUS É O MEU CAMINHO E NELE NÃO TEMEREI MAL ALGUM, VOU SUPORTAR E AINDA VOU RETIRAR LIÇÕES DESTA PROVA TÃO DIFÍCIL".

Repetiu incessantemente esse pensamento, mesmo diante da música alta que passava o dia inteiro tocando naquele ambiente, nenhum empecilho tirava aquela certeza da sua mente, até que foi interrompido com a chegada de seu almoço.

Mais uma vez recebeu a comida, como em todos os outros dias era sopa, agradeceu ao sequestrador e principalmente a Deus, com a sua já habitual oração antes das refeições.

Nesse instante, o sequestrador disse:

– Até agora você só comeu comida líquida, não tem vontade de comer uma comidinha mais sólida?

O encarcerado rapidamente respondeu:

– Claro que tenho, seria muito bom.

O algoz disse:

– Você gosta de baião de dois com frango assado?

No que obteve uma resposta mais do que sincera.

Ao se retirar, disse sem muita certeza que talvez, quem sabia amanhã, traria uma comida diferente para ele.

4.14 – O 5º Dia no Cativeiro

Mais um dia raiava sem que ele visse a claridade solar, nem sequer por uma fresta ou, ao menos, ver o Sol nascer quadrado como os presidiários nas cadeias, por conta da venda. Sabia quando o dia iniciava, pois ligavam a música sempre em volume muito alto e traziam a refeição matinal.

Chegou o café da manhã, neste dia a comida era diferente, trouxeram um iogurte. E já anunciaram que o almoço seria o baião de dois com frango assado.

Tudo isso talvez fosse uma melhora na sua condição, teria uma comida diferente, apesar de agradecer a comida recebida e não reclamar, mas o jovem já estava enjoado de um tipo só de alimento.

Mas tudo lhe soava estranho, com desconfiança, por que os bandidos estavam trazendo esse novo tipo de comida? Tudo servia de indagação, de questionamentos.

O tempo demorava a passar, pelo menos essa era a sensação, sem ter com que se distrair, estava a todo instante pensando e repensando em sua condição. Em alguns momentos pensava muito em sua família, tinha muitas saudades, queria muito saber como estavam todos suportando provação tão difícil. Dentro do cativeiro, escutava muito barulho de avião passando, principalmente no período da noite, quando a música alta estava desligada.

Em todos os momentos em que os aviões passavam, o jovem lembrava muito de sua tia, a qual ele tinha um carinho todo especial como se fosse sua mãe. Ele relembrava que poucos dias antes de ser sequestrado, sua tia estava de viagem marcada para visitar parentes em São Paulo.

A imaginação, meio que distorcida pela situação do aprisionamento, começava a divagar, e quando o avião passava, ele imaginava: "Minha tia, estenda o seu braço de dentro desse avião em que a senhora está e me leve com a senhora, me tire daqui, sei que a senhora jamais me deixaria sofrer", mas a situação em que se encontrava não dependia dela.

De tanto pensar em sua tia e em sua mãe, começou a imaginar como foi o sofrimento de Maria, mãe de Jesus, ao ver o calvário e a crucificação de seu filho sem poder ajudá-lo, retirando-o daquele sofrimento.

Lembrou-se de que já estava próximo do dia 13 de maio, data em que se comemora o dia de Nossa Senhora de Fátima, resolveu então rogar a essa mãe para que lhe protegesse, cobrindo-o com seu manto.

A imaginação era forte e o amparo maior ainda, ele sentiu um sentimento bom invadindo seu ser, trazendo-lhe uma certeza de que estava protegido pelo manto de Maria.

Foi um momento belíssimo, o qual serviu para recarregar as forças, já que fraquejavam.

Chegou a hora do almoço, trouxeram então o anunciado baião com frango, veio em um prato descartável, mas não lhe trouxeram uma colher ou um garfo.

Dessa forma a comida de que ele tanto gostava não tinha como ser saboreada. Pediu um talher, mas disseram:

– Você acha que somos otários de lhe dar uma colher ou um garfo para que você possa utilizar como uma arma contra nós? Se quiser coma com a mão, ou fique com fome.

Sabedor de que necessitava comer, pois não sabia se ou quando voltaria a fazê-lo, mais uma vez agradeceu e começou a se alimentar com as mãos mesmo.

Não comeu tudo, mas apenas aquilo que pôde, pois a dificuldade era enorme, sem ver a comida ficava extremamente difícil levá-la até a boca.

A intenção dos sequestradores não foi essa, mas o jovem percebeu ali mais uma lição: QUE NENHUMA SITUAÇÃO É TÃO RUIM QUE NÃO POSSA PIORAR.

Ele ousou reclamar, mesmo que em pensamento, da comida, que já estava enjoado por ser a mesma, e ansiava um prato de comida sólida. Mas quando ela chegou, ele preferia voltar ao alimento líquido mesmo, pois daquela forma podia comer melhor do que com as mãos, como estava fazendo.

Mais uma vez percebeu que em toda e qualquer situação poderia aprender, e que precisava estar mais desperto para entender e realizar o aprendizado.

Os sequestradores perguntaram:
– E aí, Zé, gostou da comida?

Ele respondeu que havia gostado dela, mas preferia mesmo a sopa de antes.

4.15 – O 6º Dia de Cativeiro

Os dias passaram-se, as negociações talvez não avançaram da forma esperada pelos bandidos, quem sabe, por esse motivo, que o 6º e o 7º dias foram de enorme tortura psicológica para o jovem aprisionado.

No final da tarde do 6º dia, já quase início da noite, os sequestradores, dois deles, adentraram no quarto, muito nervosos, dizendo que as negociações com sua família não andavam, seu pai teve um infarto e estava no hospital.

– É o seguinte: peça a Deus para que ele se recupere logo, porque já estamos sem paciência, queremos resolver logo essa parada. Ou pagam logo esse resgate ou vamos matar você.

Diante daquela notícia, o jovem não pensava mais apenas na sua situação, queria saber informações sobre a saúde do seu pai, se ele estava bem, e perguntou:

– Meu pai está bem mesmo?

– Parece que sim, mas ele está internado em um hospital de Fortaleza, acho que a pressão foi demais e ele passou mal.

– A questão é que não estamos conseguindo contato com sua família, os telefones fixos e os celulares da sua cidade não estão funcionando, aconteceu uma chuva muito forte por lá e o sinal de telefonia não completa a ligação –; os únicos telefones que estavam funcionando eram os orelhões.

Os bandidos começaram a pressionar o jovem para que ele dissesse o número de um orelhão para que eles ligassem para confirmar a história de que os celulares e telefones residenciais não funcionavam.

O pior era que o jovem não lembrava de nenhum número de orelhão, mas puxou pela memória e conseguiu lembrar, falou para os bandidos, que disseram que ligariam ali da sua frente. E que ele rezasse para que alguém atendesse e confirmasse que a história era verdadeira, ou a morte lhe chegaria naquela hora mesmo.

Ligaram para o número informado, a ligação chamou até cair e ninguém atendeu, começaram a gritar com a vítima:

– Você está de brincadeira comigo, quer morrer mesmo, é isso que você quer?

– Vamos! Diga outro número agora.

– Mas o jovem não lembrava. Diante do interregno, começou a raciocinar, e conseguiu dizer outro número de telefone público, aparelho este que ficava em frente à casa de seus pais.

De imediato ligaram para o novo telefone informado, colocaram no viva-voz para que todos escutassem, cada toque da chamada era uma aflição, parecia uma eternidade os segundos entre um toque e outro, até que uma pessoa atendeu.

Um dos bandidos falou:

– Aí, nessa cidade, os telefones não estão funcionando?

A pessoa respondeu:

– Houve uma chuva muito forte, nem os celulares nem os telefones fixos estão funcionando, só os orelhões.

– Zé, você está com sorte, parece que a história que sua família disse é verdadeira. Vamos esperar até seu pai se recuperar e voltamos a fazer contato.

Até aquele momento dentro do cativeiro, tirando o primeiro dia, esse foi o instante em que o jovem mais temeu pela sua morte, a tensão foi indescritível, ele estava muito aliviado, mas ao mesmo tempo ainda muito preocupado com o estado de saúde de seu pai.

Agradecia a Deus por ter lhe dado um raciocínio tão rápido para conseguir lembrar do número do orelhão e, simultaneamente, rogava para que mantivesse seu pai e sua família firmes e fortes, diante de tamanho desespero.

Um dos sequestradores saiu do quarto, mas dentro de poucos instantes voltou, dessa vez, segundo o que ele mesmo informou, trazendo uma arma de fogo, tratava-se de um fuzil, e começou a limpar essa arma dentro daquele pequeno espaço.

Não sei se para amedrontar a vítima ou mesmo como um procedimento de limpeza da arma, mas por umas três ou quatro vezes engatilhava a arma e puxava o gatilho, mas sem ela estar carregada.

O jovem, sem enxergar nada, apenas escutava aquele som de destravamento do gatilho. E em cada ocasião dessas o coração só faltava sair pela boca, pensando que iria morrer. O cheiro de óleo era muito forte, sinal de que estavam limpando mesmo as armas, mas mesmo assim a cada destravamento o coração disparava de tensão.

Chegou um momento em que um dos bandidos disse:

– Zé, você sabe atirar? Já manuseou alguma vez uma arma?

O jovem respondeu:

– Nunca atirei, nunca nem peguei numa arma.

O sequestrador falou:

– Então chegou a hora de você conhecer uma pistola. Vamos, coloque suas mãos para a frente e pegue essa arma.

A vítima, temendo o que iria acontecer, mas sem possibilidade de dizer que não faria isso, teve de seguir o ordenado.

Colocou as mãos para a frente e recebeu a arma. O bandido disse:

– Você está com a arma na mão, não está com vontade de atirar em mim e fugir daqui? Vamos, essa é sua chance.

Mesmo sem experiência nenhuma, o jovem pôde perceber que a arma estava muito leve e, portanto, provavelmente não estava municiada. Momento em que percebeu que tudo se tratava de um teste. Respondeu então:

– Eu não nasci nesse mundo para atirar, nem para matar ninguém, mesmo que eu morra aqui nesse cativeiro não quero revidar.

– Você é muito esperto, hein, garoto? Mas me diga uma coisa aí, você é estudante de Direito?

– Sou, sim.

– Então se você fosse o juiz desse caso do seu próprio sequestro, você me julgaria condenando a quantos anos de prisão?

A vontade era dizer que condenaria à pena máxima, mas tinha de se controlar. A resposta não poderia soar como uma mentira, por exemplo, dizer que o absolveria, nem poderia dizer que condenaria e que ele deveria apodrecer na cadeia. Teria de se sair dessa, mas como faria isso?

O jovem então assim respondeu:

– Nunca tive a intenção de terminar a faculdade e fazer concurso para ser juiz nem ser advogado na área de Direito Penal, na verdade minha intenção é trabalhar como advogado de causas previdenciárias. Mas se fosse um dia juiz e tivesse de julgar um caso de sequestro, pediria para que outro o julgasse, por já ter sido vítima de um, correria o risco de ser injusto no julgamento.

O bandido se deu por satisfeito com a resposta e disse:

– Bem pensado. Agora vou deixar você dormir, deve estar cansado –, e então saiu do quarto.

Que sufoco havia passado. Sentia-se aliviado e ao mesmo tempo ansioso, querendo que aquele pesadelo acabasse logo. Dessa forma, começou novamente a rezar, buscando forças em Deus Pai Todo-Poderoso para continuar firme e forte até o momento de sua libertação.

Esse era o sentimento que reinava em seu ser, por mais que em alguns momentos estivesse mais entristecido, em nenhum instante chegou a desacreditar que não seria liberto daquele cárcere. Apesar das dificuldades, permanecia convicto de que conseguiria vencer seus adversários.

Sabia que seu maior adversário era ele mesmo, não poderia deixar se contaminar com toda aquela violência que estava a vivenciar.

Precisava se manter forte e convicto de que o bem sempre vence o mal.

4.16 – O 7º Dia no Cativeiro

A cada novo dia, as esperanças se renovavam de que aquele seria o último do seu encarceramento. Mas com o passar do tempo sem a liberdade se concretizar, batia também um certo desânimo.

O 7º dia foi um desses momentos em que o jovem encarcerado teve de lutar com todas as suas forças para não deixar se levar pelo desânimo e pela revolta.

Os sequestradores, percebendo que a vítima já estava se cansando, começaram a dizer que o pai dele não estava fazendo o possível para tirá-lo dali, que sua família não ligava para resgatá-lo daquele sofrimento, que só eles podiam, mas não queriam.

Mesmo vulnerável, em meio a todas aquelas insinuações negativas, o jovem logo percebeu que se tratava de uma tática para colocá-lo contra a sua família e deixá-lo mais fragilizado.

Era isso realmente o que estava a acontecer, os sequestradores tentavam pôr uma pilha negativa na vítima, pois na parte da tarde, eles iriam colocá-lo para falar pela segunda vez com sua família via telefone, momento em que ele, estando fragilizado, iria quem sabe chorar e se lamentar muito, fazendo com que os familiares se desesperassem e aceitassem pagar logo o resgate, na quantia pedida.

Mais uma vez, o jovem precisava se alimentar com o pão espiritual, precisava se lembrar da palavras de Jesus. Seus ensinamentos poderiam lhe fortalecer.

Lembrou-se de que nenhuma iniquidade poderia fazê-lo desacreditar da bondade divina, os ensinamentos, por mais difíceis que fossem, não poderiam amargurá-lo a ponto de duvidar de que Jesus jamais desampara nenhum dos seus irmãos que lhe procuram.

A tarde chegou, os bandidos adentraram no quarto e disseram:

– Seu pai melhorou da doença que teve, retomamos as negociações, nós vamos ligar para que você fale com ele, mas você vai fazer uma voz de choro e dizer que tá sofrendo muito e pedir que ele o tire daqui o mais rápido possível.

Da mesma forma que na primeira ligação, levaram o jovem para o banheiro do quarto em que estava encarcerado, encostaram três armas na cabeça dele.

Fizeram a ligação para o telefone fixo da residência de seus pais que rapidamente atenderam. Era uma voz de uma mulher, que o jovem pensou que fosse sua mãe.

Mas não era sua mãe, era uma de suas tias. Uma irmã dela, que se apressou a dizer que sua mãe e seu pai estavam chegando de viagem, um dos sequestradores falou que voltaria a ligar e se eles ainda não tivessem chegado, o jovem morreria.

Dentro de algum tempo, voltaram a fazer a ligação e felizmente seu pai atendeu. O jovem rapidamente falou o que eles o obrigaram a dizer. Pediu ao pai que o tirasse dali o mais rápido possível, mas antes de desligar, disse como fez na primeira ligação:

– Pai, fique com Deus! Estou bem, seja forte.

Os sequestradores lhe disseram:

– De hoje para amanhã, você provavelmente estará solto. Dissemos a sua mãe que você passaria o dia das mães com ela. Se seu pai seguir as regras direitinho, é isso que vai acontecer.

O jovem logo pensou se seria uma falsa esperança que esses bandidos estavam querendo plantar nele para que não tentasse fugir, ou será que realmente estava chegando a hora da sua libertação?!

O restante do dia transcorreu, chegou a hora em que eles serviam o jantar, que novamente era sopa, mas o jovem não comeu quase nada. Não porque estivesse enjoado do alimento, mas porque a angústia não deixava a comida descer garganta abaixo. Tentou de todas as formas, conseguiu comer um pouco, talvez menos que a metade da caneca de sopa, e entregou o restante ao sequestrador, que lhe disse:

– O que aconteceu? Todo dia você come toda a refeição, por que dessa vez foi diferente?

O jovem respondeu não estar com fome, crendo ter tomado muita água e perdido o apetite.

Naquela noite a vítima ficou sozinha no quarto que lhe servia de aprisionamento. Isto é, sozinho, sem que os sequestradores estivessem naquele recinto, pois em seu espírito sentia que Deus estava com ele naquele momento, então estava muito bem acompanhado.

Tentando, mas sem conseguir sequer cochilar, passou a noite inteira rezando.

Resolveu então lembrar todas as pessoas que conheceu em sua vivência. Foi lembrando os nomes de uma a uma, e ao lembrar delas, era como se elas estivessem a rezar por ele e com ele, de tal modo que sentiu naquele ambiente uma força positiva contagiante.

Esse exercício lhe fez muito bem, tranquilizando-o de uma forma tal que o seu coração se sentia aliviado quase por completo.

4.17 – O 8º e Derradeiro Dia no Cativeiro

Mesmo sem saber o que lhe aconteceria ao final daquele dia; estando desperto a noite inteira, iria se completar o 8º dia de cativeiro. Ainda sem ver os raios de Sol, sentia em seu âmago que a liberdade parecia raiar em seu espírito.

Com o café da manhã, veio também a notícia de que as negociações estavam chegando ao fim e que ele estava perto de ser libertado.

Mais uma vez um dos sequestradores, aquele que tinha a voz mansa e mais calma que o outro e que parecia ser o líder do bando, entrou no quarto e perguntou se o jovem queria ouvir novamente o Salmo 24. Afirmou que sim, e o bandido passou a ler e depois saiu, dizendo que voltaria mais tarde.

A música foi novamente ligada em volume máximo e a vítima permaneceu sozinha no quarto.

Aquela solidão lhe permitia a reflexão; a música, por mais alto que estivesse, não atrapalhava mais as suas orações, pois a presença de Deus era ainda mais real em seu viver.

Já havia passado o momento do almoço, a vítima já tinha se alimentado melhor que no jantar da noite anterior, quando adentraram novamente os sequestradores, dizendo que ele iria naquele instante falar com seus pais, dessa vez poderia dizer o que quisesse e iria ter a possibilidade de falar com seu pai e com sua mãe.

Mesmo em um clima menos ameaçador, o levaram de novo para dentro do banheiro. E fizeram a ligação; quem atendeu foi seu pai, que disse:

– Meu filho, você está bem?

– Sim, meu pai! Estou bem e quero lhe dizer que o amo, que sei que o senhor está fazendo todo o possível para me tirar daqui, e que acho que vai dar tudo certo. Mas se por um acaso eu morrer, não se culpe, não morrerei com mágoas, nem rancor do senhor, entregue tudo nas mãos de Deus.

O pai respondeu que também o amava e iria passar o telefone para a mãe dele. A mãe disse com uma voz mansa e amorosa:

– Meu filho, que dia é hoje? E que horas são?

O filho disse:

– Hoje é quinta-feira, dia 11 de maio de 2006. A hora não sei direito ao certo, minha mãe. Mas acho que é por volta de duas horas da tarde. No entanto, aconteça o que acontecer, não se esqueça de que a amo, e acredite sempre em Deus e que Ele está conosco e não vai nos desamparar.

Naquele momento, os sequestradores desligaram o telefone. O que parecia o chefe do bando disse:

– Agora é a hora da decisão. Hoje, de um jeito ou de outro, você sai daqui. Morto para ser enterrado ou vivo para voltar para o convívio de sua família.

– Vou sair, mas antes de partir para buscar o resgate vou abrir a Bíblia; antes de todas as paradas que eu faço, sempre abro o Evangelho para saber se vou sair livre ou não.

O jovem, intrigado com aquela cena, apenas escutava sem nada dizer.

O bandido abriu a Bíblia, leu uns poucos parágrafos, com uma leitura muito arrastada e ruim, o que fez o jovem entender pouca coisa.

A vítima então perguntou:

– E então, pela sua leitura vai dar certo ou não?

O sequestrador afirmou:

– Pelo que entendi aqui, vai dar tudo certo –, e saiu.

Diferentemente dos outros momentos em que o jovem ficava só, o som dessa vez não foi ligado, ficou tudo no mais absoluto silêncio. Um silêncio sepulcral.

Mais uma vez a calmaria ajudava o jovem, que tinha possibilidade de buscar a ajuda divina.

Começou então a rezar, e rezou o quanto pôde. Voltou novamente a fazer aquele exercício de lembrar todas as pessoas que conheceu e imaginar como se todas elas estivessem a fazer uma corrente de oração em torno dele, rogando ao Pai para que o jovem conseguisse sua libertação.

Assim permaneceu por muitas horas, até que se deu conta de que não sabia que horas eram: "Será que já era noite ou ainda era dia?".

Por uma percepção, uma vez que estava privado do sentido da visão, mas sem ter certeza, achava que já haviam se passado várias horas.

Nos dias passados em cativeiro, em nenhum permaneceu tão desnorteado quanto naquele momento, pois sempre tinha, em algum instante do dia, o barulho da televisão; pela programação apresentada, dava para ter a certeza do horário.

Dessa vez, o silêncio total que permanecia naquele ambiente o desorientava. Aliado a isso, a falta de notícias sobre o resgate: "Havia dado certo? Sua família estava bem?", torturava-se o jovem prisioneiro.

Além de tudo tinha de permanecer naquele fino colchão disposto sobre o chão, tinha apenas duas posições possíveis, ficava sentado um pouco com as costas apoiadas na parede ou ficava deitado. Nem levantar podia, por ter suas pernas amarradas não conseguia levantar sozinho.

Queria encontrar a liberdade para as amarras da angústia que permeavam seu ser. Tinha apenas a oração como remédio.

Mas já havia rezado tanto e até ali não tinha obtido nenhuma resposta, o desânimo já batia à sua porta.

Duros momentos vivenciados, a incerteza desalentava a perseverança, a angústia reprimia a esperança, o silêncio reprimia a confiança.

Enfim, o que fazer para libertar a sua mente que estava permeada de pensamentos negativos? Já não tinha a liberdade do corpo físico, não podia fraquejar e perder a liberdade de pensar no bem e no amor, mas como não se abater diante da aflição dilacerante?

Mesmo quando parecia que não mais poderia contar com a companheira oração, um lampejo de fé o fez refletir: "DEUS NÃO DESAMPARA NENHUM DOS SEUS FILHOS, NENHUMA PRECE FEITA DE CORAÇÃO FICA SEM RESPOSTA, PORTANTO,

SE AINDA NÃO FUI ATENDIDO, É PORQUE NÃO ESTOU SABENDO PEDIR".

– Então, como fazer uma oração sentida? –, indagava-se o jovem, que naquele momento era um questionador de pensamentos.
– Se eu sou aquilo que penso, como farei para entender qual o pensamento de Deus?

Essa indagação martelava seus pensamentos, até que constatou:
– Preciso pedir sem impor minhas vontades, meus pensamentos precisam acompanhar a sintonia divina, só assim saberei aceitar a justiça de Deus sem revolta, nem contestação. Vou pedir e aceitar a vontade de Deus, sejam qual forem seus desígnios.

Mesmo limitado fisicamente, com muitas dificuldades de mobilidade, conseguiu ajoelhar-se e pensou: "Que dia é hoje?". Rapidamente respondeu a si mesmo, 11 de maio. "Ao falar com minha mãe pelo telefone, ela me perguntou que dia era hoje, qual seria o motivo dessa indagação? Seria alguma data importante que me esqueci? Ou será que ela estava querendo me dizer algo?"

Tentando, mas sem conseguir se lembrar de nenhuma data familiar especial, chegou à constatação de que 13 de maio era dia de Nossa Senhora de Fátima e, além do mais, no domingo seguinte era dia das mães. Portanto resolveu pedir a intercessão de Maria, mãe de Jesus, junto a Deus, para que tivesse um sinal do que havia acontecido com a entrega do resgate. Tinha dado tudo certo? Seria libertado? Seu pai estava bem?

E assim começou a rezar:
– NÃO SEI, MINHA MÃE, QUAL A ANGÚSTIA DE PERDER UM FILHO COMO A SENHORA PERDEU O SEU CRUCIFICADO. MAS SEI QUE EM MOMENTO ALGUM SUA FÉ DEIXOU QUE FRAQUEJASSE. DIANTE DA DOR, SUA RESPOSTA FOI A RESIGNAÇÃO E A CERTEZA NA JUSTIÇA DIVINA, QUE NÃO PERMITE INJUSTIÇAS SEM PROPÓSITOS.

DIANTE DA MINHA VASCILANTE FÉ É QUE LHE PEÇO, SE POSSÍVEL FOR, ROGUE POR MIM, MINHA MÃE, JUNTO AO SEU FILHO JESUS, PARA QUE ELE INTERCEDA POR TODOS NÓS, CRIATURAS IMPERFEITAS, DIANTE DO NOSSO PAI CRIADOR.

NÃO VOU LHE PEDIR QUE ME LIVRE DE TODO O MAL, COMO RECOMENDA A ORAÇÃO ENSINADA POR JESUS, QUERO APENAS LHE SUPLICAR QUE ME AJUDE A SUPORTAR ESSA ANGÚSTIA, QUE ME LIMITA, MAS ME ENSINA. AJUDE-ME A ENTENDER QUE A DOR DILACERA, MAS REGENARA, ME AJUDE A ENTENDER QUE A RESIGNAÇÃO ALIVIA E QUE A REVOLTA ME FAZ REGREDIR.

SEI QUE SE TIVE ESSA OPORTUNIDADE ENCARNATÓRIA FOI POR UMA DÁDIVA DIVINA, E, PORTANTO, QUE MINHA VIDA PERTENCE A DEUS.

NÃO SEI SE MINHA PRESENTE ENCARNAÇÃO CESSARÁ NESSE SEQUESTRO, MAS SEI QUE NÃO CAI UMA ÚNICA FOLHA SEQUER SEM A PERMISSÃO DE DEUS E, POR ISSO, ACREDITO QUE QUANDO O MEU CORPO MATERIAL PERECER, MEU ESPÍRITO PERMANECERÁ, E É DESTA FORMA QUE ESTAREI DIANTE DO CRIADOR.

NA SITUAÇÃO EM QUE ME ENCONTRO, NÃO TENHO ESPAÇO PARA DISSIMULAÇÕES, FALO COM A VERDADE DO MEU CORAÇÃO, E A SENHORA, MINHA MÃE, SABE O QUE SE PASSA NESTE CORAÇÃO ANGUSTIADO, POR ISSO TENHO A CERTEZA DE QUE PERCEBE EM MEU SER A SINCERIDADE DE MINHAS PALAVRAS.

PORTANTO, INTERCEDA POR ESSE SEU FILHO, NÃO PARA PEDIR QUE SEJA FEITA A MINHA VONTADE DE LIBERDADE E DE RETORNO PARA O CEIO DA MINHA FAMÍLIA ENCARNADA. INTERCEDA POR MIM APENAS PARA QUE TENHA FORÇA DE SUPORTAR A VONTADE DE NOSSO PAI.

ENTREGO-ME EM SUAS MÃOS, MINHA MÃE. DÊ-ME FORÇA PARA SUPORTAR A VONTADE DE DEUS, SEJA ELA QUAL FOR.

Sentindo-se mais aliviado, percebeu as lágrimas rolarem por debaixo da fita que vendava seus olhos. Tinha a certeza de que seria acolhido em suas súplicas.

Não tardou a surgir um sinal mais do que claro da vontade de Deus.

O jovem encarcerado, que estava de joelhos, voltou com muita dificuldade para a posição sentada em que se encontrava. E nesse retorno sentiu que suas mãos bateram em algo.

Mas que algo seria esse? Tinha passado todo o dia deitado naquele colchão e não tinha percebido nada ali, naquele limitado espaço.

Tentou, utilizando o sentido do tato, já que da visão estava privado, perceber de qual objeto se tratava, em que havia esbarrado.

Era um objeto de forma quadrada ou retangular, de tamanho mediano e um pouco pesado. Ao pegá-lo em suas mãos, percebeu que se tratava de um livro ou um caderno, algo do gênero, de certo era um tanto quanto volumoso. Que livro seria aquele?

Começou a passar as mãos levemente sobre a capa e contracapa do livro ou caderno. Meio que tentando ler apenas com as mãos, uma espécie de leitura em Braille, percebeu que tinha algumas palavras ou gravuras naquele objeto em autorrelevo.

Tentou decifrar do que se tratava, conseguiu apenas perceber que tinha uma letra, e achava que era a letra "B".

Trouxe o objeto o mais próximo possível dos seus olhos, e por um pequeno recanto da parte inferior da venda, que lhe impedia a visão, pôde constatar que o livro que tinha consigo era a Bíblia.

Mais que um livro religioso, aquele objeto era o sinal positivo de que suas preces foram atendidas.

Deus possibilitou para aquele jovem a dádiva de "enxergar" que seria libertado. Ele constatou que as limitações impostas não o afastaram de Deus e que não tardava em ter novamente o convívio de seus familiares.

A emoção dominou o ser daquele que, há bem pouco tempo, estava quase sucumbindo de angústia. A certeza de que ele venceria o cárcere, de que nada poderia abalar suas convicções naquele instante se fez mais forte.

Voltou novamente a rezar, dessa feita, com um único propósito, agradecer pelo sinal recebido. E quando estava rezando, um sinal ainda mais forte surgiu naquele ambiente.

Um dos sequestradores resolveu ligar o som em volume máximo, dessa vez sintonizando em uma rádio, e o locutor disse assim:

– São exatamente 10h05 da noite do dia 11 de maio de 2006, na capital alencarina, e essa música que irá tocar agora é oferecida para você, especialmente para você que está na solidão, que está a passar por problemas, por dificuldades. Sejam quais forem as barreiras que o aprisionam, creia, Deus está presente em sua vida e agora você será libertado de todo o sofrimento – e começou a tocar a música "Noites Traiçoeiras", do padre Marcelo Rossi.

O recado foi mais do que claro e dissipou qualquer nevoeiro de escuridão, se havia alguma dúvida rodeando o jovem encarcerado, essa angústia se desfez pela força das palavras que ele ouviu e sentiu redivivas em seu ser.

A bondade divina que sempre esteve presente foi percebida em toda sua grandeza. A lição provinda da professora dor surgiu depois de muito esforço. Sua fiel companheira, a oração, mostrou que estava atenta a realizar sua tarefa de religar a criatura ao Criador. E o Pai, por meio de um de seus filhos, mostrou ao jovem aflito que sempre esteve ali a sustentá-lo em todos os momentos.

A mensagem que a música trouxe era inquestionável, parecia que fora escrita para aquele momento.

Vamos lê-la, sem se deixar dispersar pela melodia, apenas uma leitura refletida como se não fosse música, mas apenas um texto:

Noites Traiçoeiras
Deus está aqui neste momento
Sua presença é real em meu viver
Entregue a sua vida e seus problemas
Fale com Deus, Ele vai ajudar você ô ô ô

Deus te trouxe aqui
Para aliviar os seus sofrimentos ô ô ô
É Ele o autor da fé
Do princípio ao fim
Em todos os seus tormentos
E ainda se vier noites traiçoeiras
Se a cruz pesada for,
Cristo estará contigo
O mundo pode até fazer você chorar
Mas Deus te quer sorrindo ô ô ô

E ainda se vier noites traiçoeiras
Se a cruz pesada for
Cristo estará contigo
O mundo pode até fazer você chorar
Mas Deus te quer sorrindo

Seja qual for o seu problema
Fale com Deus, Ele vai ajudar você
Após a dor vem a alegria
Pois Deus é o amor
Não te deixará sofrer ô ô ô

Deus te trouxe aqui
Para aliviar seus sofrimentos ô ô ô
É Ele o autor da fé
Do princípio ao fim
Em todos os seus tormentos

E ainda se vier noites traiçoeiras
Se a cruz pesada for,
Cristo estará contigo
O mundo pode até fazer você chorar
Mas Deus te quer sorrindo

E ainda se vier noites traiçoeiras
Se a cruz pesada for,
Cristo estará contigo
E o mundo pode até fazer você chorar
Mas Deus te quer sorrindo.

Essas palavras eram a representação real do que o jovem encarcerado vivenciou ao longo desses oito dias e algumas horas de cativeiro.

A fé foi o único artifício que ele tinha diante da violência do sequestro que estava vivendo. Foi por meio da oração que ele buscou a todo instante estar mais próximo de Deus e Lhe contar seu problema, conversando durante longos e angustiantes momentos.

Em alguns instantes angustiou-se, porque as circunstâncias que o mundo lhe impôs foram as mais cruéis, mas na certeza de que o bem sempre vence o mal, encontrou o alívio para suas lágrimas naquele momento. Mesmo sem ter alcançado ainda concretamente a liberdade ele sorria, sorria sem conter a alegria de, mediante a dor, ter encontrado o exemplo de Jesus em seu viver.

Suas preces foram atendidas de forma tão elucidativa e viva, que as amarras que limitavam o seu corpo físico não mais lhe aprisionavam, seu espírito estava liberto pela confiança de que a luz havia vencido as trevas.

Continuou a rezar para agradecer ao bálsamo recebido.

Capítulo V
Libertação do cárcere físico

5.1 – Da Libertação

Alguns poucos minutos se passaram, quando adentrou no quarto um dos sequestradores, dizendo em bom tom de voz:

– Zé, o resgate não deu certo, não. O negócio azedou para você.

O jovem aprisionado, de forma serena e convicta, respondeu:

– Sei que tudo deu certo e já é chegada a hora da minha libertação.

O bandido, desconfiando, perguntou em tom ameaçador:

– Como é que você sabe disso?

Ainda sereno, o jovem respondeu:

– Deus me disse.

– Como assim "Deus me disse"? Conte essa história direito –, Retrucou o algoz.

O jovem explicou:

– Você, antes de sair para buscar o resgate, abriu a Bíblia de forma aleatória, pedindo a Deus que lhe dissesse se correria tudo bem. Não foi isso mesmo?

– Sim, fiz tudo isso aqui mesmo neste quarto, inclusive deixei minha Bíblia aqui no seu colchão, perto de você.

O jovem continuou:

– Então, da mesma forma que você pediu o auxílio de Deus, eu também roguei o amparo do Pai, fiquei o tempo inteiro rezando e pedindo a Ele que me mostrasse um sinal se tudo havia dado certo ou não. E a resposta veio muito claramente, sem me deixar dúvidas. Alguém ligou nesta casa, instantes atrás, um rádio, e estava a tocar uma música que respondeu às minhas indagações, por isso afirmei que Deus me respondeu, por meio da música tive minha resposta.

Encerrando o assunto, o sequestrador disse apenas:

– É, Zé! Você parece que é uma pessoa de fé. Bom, vamos deixar de conversa, trouxe aqui sua janta, é um pedaço de *pizza*, coma aí que daqui a pouco volto para pegar você e te levar para a liberdade.

A ansiedade não permitiu que o jovem comesse o alimento oferecido, queria mesmo era o quanto antes sair dali, apesar da convicção de que tudo daria certo, queria concretizar e sentir novamente o gostinho da liberdade.

Não demorou muito para que os bandidos voltassem para o recinto do aprisionamento, e disseram:

– Coloque as mãos para a frente! Pegue esse dinheiro e coloque no bolso, é uma nota de 20 reais, vai servir para que você pegue um ônibus ou um táxi e consiga voltar para casa.

O jovem disse:

– Estou de pés descalços, será que vocês poderiam me devolver meu tênis, arrumar uma chinela ou qualquer outro calçado?

Um dos bandidos falou que iria ver se o tênis dele ainda estava ali. Pouco tempo depois voltou com o calçado, dizendo que o tinha encontrado, mas a meia alguém tinha pegado para usar, portanto que ele calçasse daquela forma mesmo.

Tentou calçar o tênis, mas não conseguiu, pois ainda estava com os pés amarrados, ocasião em que resolveram soltar a fita que o mantinha aprisionado.

Já calçado, ajudaram a erguer o jovem e o conduziram ainda algemado e vendado para o veículo que o transportaria para a libertação. Lá chegando, disseram:

– Nós vamos deixar você em um matagal; você saberá sair da mata?

O jovem disse que não, que nunca tivera costume de viver dentro de matas.

Os bandidos começaram a gargalhar de forma sarcástica, e disseram que era brincadeira e não iriam fazer aquilo com ele.

– Não se preocupe! Vamos deixar você em um local fácil para que consiga voltar para casa.

Andaram por algum tempo, não muito, alguns minutos talvez, entre 30 e 60 minutos e pararam.

O coração do jovem batia novamente em descompasso, ali eram momentos decisivos para sua vida. Será que seria mesmo libertado? Ou tudo seria mais um plano para praticar mais uma maldade com ele?

Tudo transcorria sem que o jovem parasse de rezar, pedindo calma e discernimento naquela hora.

O carro parou, retiraram-no do veículo e ordenaram:

– Sente aí nesta pedra.

Ao sentar-se, percebeu que alguns matos batiam em suas pernas, então logo pensou e, imediatamente, falou:

– Vão me deixar em meio à mata mesmo?

– Aqui não é mata nenhuma, fique quieto aí que senão vamos matar você para deixar de tanta conversa e pergunta.

Outro bandido desceu do carro e disse, dirigindo-se ao seu comparsa:

– Calma, meu companheiro, vamos tirar as algemas dele e vamos embora daqui. Ele não serve mais para nós.

As últimas palavras dos bandidos foram:

– Fique sentado aí quietinho e não retire a venda até não mais escutar o barulho do carro. É melhor não tentar saber quem nós somos ou a gente volta para matar você, entendeu? Só depois que escutar o barulho do carro já bem distante é que poderá tirar a venda. Após isso, você está livre e poderá passar o dia das mães em casa.

E assim foram embora, para o alívio do jovem que agora estava liberto do cárcere.

5.2 – Do Retorno para o Seio Familiar

Após perceber que os bandidos já haviam se afastado do local onde o libertaram, o jovem começou a tirar a venda que lhe impedia a visão. Trabalho dolorido, pois a cola da fita gomada já estava quase entranhada nos cabelos e barba da vítima. Dessa forma, cada tentativa de retirada causava um pouco de dor, mas nada que ultrapassasse a felicidade que sentia pela liberdade.

Ao conseguir se desvencilhar da venda, pôde novamente enxergar com os olhos da matéria. Era noite, sua visão, que sem a lente de contato já não era das melhores, estava um pouco pior naquele instante, uma vez que passou muitos dias vendado e agora enxergava um pouco embaçado, não conseguia ver com nitidez.

Após algum esforço, pôde compreender em que local estava. Não se encontrava em uma mata como chegou a pensar. Na realidade estava sentado em uma pedra que ficava localizada no espaço que deveria ser de uma calçada, era em uma esquina, na parte lateral de uma casa feita de alvenaria, sem reboco e rodeada por matos, dando a aparentar que estava abandonada.

Ali mesmo, entre os matos, amparando-se na pedra, o jovem agora liberto ajoelhou-se e rezou agradecendo a dádiva da libertação. Apesar de não saber onde estava, de ser noite, de estar com a visão limitada, e da escuridão que reinava ali, nada de ruim lhe afetou, parecia que um sol brilhava em seu ser, tudo isso por conta da liberdade, sensação que o contagiou de alegria.

Ainda com medo de que os bandidos voltassem e querendo o mais rápido possível encontrar a sua família, precisava encontrar uma forma de sair daquele lugar. Mas como faria isso? Para onde seguiria? Para esquerda? Para a direita?

Voltou novamente a raciocinar e conversar com seu companheiro, amigo fiel, Santo Expedito, e ao olhar para o céu percebeu que para o lado esquerdo havia umas luzes, em postes bem altos, que lhe levaram a pensar que se tratava de uma avenida. Dessa forma, seguiu rumo à luz do poste que conseguiu avistar.

Andou por alguns poucos metros por ruas apertadas, entres várias casas, alguns barracos de madeira, mas sem perceber nenhum sinal de habitação em nenhuma daquelas habitações.

Realmente sua intuição o trouxe para uma avenida, mas precisava encontrar alguém que lhe informasse onde estava. Esforçou-se para reconhecer o local, mas o esforço foi em vão, realmente nunca tinha estado ali, o que o levava a pensar que estava muito longe de casa, não sabia nem ao menos se estava na capital cearense.

Andou mais um pouco e avistou um guarda noturno que vigiava um prédio de uma concessionária de motos e resolveu aproximar-se para pedir informação.

Ao chegar próximo da grade que protegia o estabelecimento, disse:

– Boa noite, senhor! Seria possível me dar uma informação?

O guarda respondeu:

– Diga aí, meu jovem, se puder ajudá-lo!

– Eu estou perdido e só quero saber onde estou. Que local é esse? E que horas são?

– Agora são exatamente 1h15 da madrugada, você está em uma avenida que liga a cidade de Fortaleza à cidade de Maracanaú.

O jovem, ao mesmo tempo que agradeceu a informação, perguntou algo mais:

– Como faço para pegar um ônibus, um táxi ou um mototáxi para voltar para casa?

– Siga para a esquerda que daqui a cerca de dois quilômetros você encontrará um ponto de táxi e mototáxi. Não sei se nesse horário ainda está funcionando.

Nesse momento, chegou um carro com outros seguranças que entraram no estabelecimento requerendo a atenção do vigia permanente.

O jovem ainda pensou em contar sua história e pedir que o vigia o deixasse ligar para casa e falar com sua família, mas receando não ser ajudado, apenas agradeceu e começou a caminhada rumo ao local indicado.

Quando começou sua caminhada, percebeu que três jovens, duas moças e um rapaz, vinham em sua direção e estavam do outro lado da avenida buscando atravessar para se aproximar dele.

Ao perceber aquela cena, em um impulso de medo e receio, apressou os passos, quase correndo, e se distanciou do trio, que mesmo distante gritou:

– Espere aí, não fuja de nós.

O jovem não parou e os três ficaram para trás, parecendo desistir do intento.

O liberto diminuiu o ritmo das passadas, mas continuou andando e pensando: "Acabei de sair de um sequestro, já estão querendo me assaltar, realmente não estou nos meus melhores dias, preciso chegar rápido em casa. Será que esse trio foi enviado pelos sequestradores?".

Envolto nos pensamentos de medo, tentou localizar um telefone público com a intenção de ligar para sua família. Olhava atento em sua volta, até que conseguiu perceber que tinha um orelhão dentro de um posto de gasolina, mas o posto estava fechado com enormes grades que o impediam de chegar até o aparelho.

Avistou, sentado em uma cadeira, o vigia do posto de combustíveis e resolveu pedir ajuda para poder ligar.

Gritou encostado nas grades:

– Boa noite, senhor! Será que eu poderia fazer uma ligação para minha família deste orelhão do posto?

A resposta não poderia ser pior, o guarda colocou a mão na arma que portava na cintura e disse:

– Vá embora daqui, seu maconheiro de uma figa! Tente entrar que você verá a ligação que vai fazer. Eu lhe meto bala e você chegará rapidinho ao inferno em uma ligação direta.

O jovem, amedrontado, disse:

– Desculpe-me, senhor! Não tive a intenção de aborrecê-lo, perdoe-me pelo incômodo.

O vigia continuou destilando toda sua raiva e discriminação, e verberou:

– Não vou dizer novamente. Vá embora daqui ou meto bala em você, seu viciado.

O jovem, escorraçado, foi embora, tentando seguir o caminho rumo ao ponto de táxi. Andou mais alguns metros e não conseguiu visualizar ninguém; passavam alguns ônibus pela avenida, ele dava com a mão, mas nenhum parava.

Até que o jovem percebeu uma grande placa de sinalização, na qual estava descrita a informação de que Fortaleza ficava para trás, se ele continuasse seguindo em frente chegaria à cidade de Maracanaú.

O raciocínio foi imediato:

– Já andei bastante e não consegui ver esse ponto de táxi, e no caminho que vou estou indo para Maracanaú, destino oposto ao que pretendo, portanto vou voltar em direção a Fortaleza, pois na pior das hipóteses, se não encontrar nenhum transporte que me leve para casa, continuarei andando e, em algum momento, chegarei ao meu destino.

No caminho de volta, quando chegou perto das imediações do posto de gasolina em que o vigia o tinha escorraçado, resolveu atravessar a avenida e seguir andando no canteiro central, evitando assim qualquer reação do vigilante, que poderia atirar pensando que o jovem estava voltando para tentar fazer algo em retaliação àquele trabalhador.

Já andando no canteiro central, deparou-se novamente com o trio de jovens que tentou abordá-lo no caminho de ida.

Os três já estavam muito perto do jovem, quando ele falou, em um tom de indignação e como uma forma de se resguardar e resolver a situação:

– O que vocês querem comigo? Querem me assaltar? Se for isso, já vou lhes dizendo que o único dinheiro que tenho é essa cédula de 20 reais, não tenho celular, não tenho relógio, joias, nada, se quiserem levar meus tênis e minha roupa, podem levar, só quero que me deixem viver.

O rapaz, que aparentava ser um homossexual, falou serenamente:
– Acalme-se, meu jovem, nós só queremos ajudar você.

O jovem, sem acreditar, sorriu meio desconfiado e disse:
– Ajudar-me! Como vocês podem me ajudar?

Uma das duas moças disse:
– Isso mesmo! Nosso propósito é ajudar, apenas este, desde a primeira vez em que você passou aqui, percebemos que estava um pouco atordoado, com um andar meio desconcertado, aparentando ser uma pessoa muito aflita, parecia que estava perdido, e como aqui costumam acontecer muitos assaltos de carros, achamos que tinha sido assaltado e estava perdido.

O jovem, já mais calmo, falou:
– Realmente estou perdido. Não fui assaltado, mas preciso voltar para casa.

A moça insistiu:
– Conte-me sua história. Quem sabe posso ajudá-lo.

O jovem, meio ressabiado, sem acreditar na ajuda, disse:
– Melhor nem lhe contar. A história é comprida e acho que vocês não vão acreditar.

– Acredite! Queremos ajudá-lo. Não somos bandidos.

O jovem já convencido das boas intenções daquele trio resolveu contar:
– Na verdade eu fui sequestrado há cerca de oito, quase nove dias, e fui libertado agora há pouco. Só que estou perdido, quero voltar para casa, tenho 20 reais no bolso para pagar um mototáxi ou pelo menos ligar para minha família vir me pegar.

A moça, espantada com o relato, arregalou os olhos e surpresa exclamou:
– Sequestrado!
– Sim! É isso mesmo! Por isso não queria contar. Sabia que não iriam acreditar, dessa forma peço que me deixem seguir, pois preciso percorrer um longo caminho para chegar a minha casa.

O rapaz disse:
– Acalme-se! Nenhum de nós tem carro ou moto que possa levá-lo para casa, mas a mãe dessa nossa amiga tem um telefone celular, podemos ir até a casa dela para que você possa ligar para sua família.

A moça, filha da mulher que tinha o celular, perguntou:
– Sua família recebe ligação a cobrar? Porque o celular de minha mãe não tem créditos.

O jovem disse:
– Claro que sim! Acho que eles devem estar ansiosos por notícias minhas.

Todos se encaminharam para o outro lado da avenida, na entrada de uma favela, onde estavam duas senhoras conversando na calçada. Ao chegarem, a mãe de umas das moças que ajudou o jovem liberto já foi logo indagando, de forma um tanto quanto curiosa e desconfiada, quem era aquele rapaz.

A moça e seus amigos apressaram-se em responder:
– É uma pessoa que sofreu um sequestro, passou quase nove dias em cativeiro, foi liberto agora há pouco e está querendo voltar para casa.

A mãe, receosa com aquele desconhecido, respondeu rispidamente:
– E por que vocês o trouxeram aqui? Será que essa história de sequestro é verdadeira mesmo?

A moça, confiante no que o jovem liberto havia lhe relatado, disse:
– Mãe, confie em mim. A senhora não o conhece, mas ele está precisando de nós e, se podemos ajudar, não vamos perder essa oportunidade de auxiliar.

A genitora, já começando a acreditar, fez um sinal positivo com a cabeça e asseverou:
– O que podemos fazer para ajudá-lo?

A filha instantaneamente respondeu:
– Ele precisa fazer uma ligação para a família dele, como aqui não tem nenhum orelhão, precisamos que a senhora empreste o celular para ele ligar.

Não houve recusa em emprestar o aparelho, retirou o celular do bolso e entregou à filha, que pediu o número para ligar e já foi logo teclando.

O jovem liberto, imaginando que sua família estivesse reunida no apartamento em que morava, pediu à moça que ligasse para o telefone fixo daquela residência. Mas, para a surpresa geral, a ligação chamou, chamou, chamou até cair e ninguém atendeu.

Sem entender por que sua família não estava em sua residência a lhe esperar, o jovem liberto começou a ficar apreensivo, imaginando que poderia ter acontecido algo com seu pai, pensou: "Será que meu pai ainda continua no hospital? Será que os bandidos fizeram alguma coisa com ele? Oh! Meu Deus. Permita que não tenha acontecido nada de pior com meu pai nem com minha família".

Esse breve pensamento tormentoso foi interrompido pela moça que tentava ajudar:

– Vamos lá, meu jovem, diga outro número de telefone para que possamos ligar, não vamos desanimar na primeira tentativa.

Concordando com a moça começou a pensar para qual outro local poderia ligar, fez um esforço para lembrar um número de telefone, uma vez que em tempos de agendas eletrônicas no celular não se tinha mais o costume de decorar os números de telefones úteis.

Conseguiu se lembrar do número do telefone de sua tia, que morava próximo à sua residência. A moça ligou, e mal começou a tocar já atenderam. O jovem, ao escutar a voz da pessoa que havia atendido, percebeu que se tratava da empregada doméstica da casa de sua tia, tomou o telefone das mãos da moça e disse:

– Oi, minha amiga! Tudo bom? Cadê minha tia? Meu pai ou minha mãe estão por aí? – A doméstica, muito nervosa, meio que sem saber o que fazer, falou:

– É você mesmo, como está? Está todo mundo procurando você, onde está agora?

– Calma! Uma pergunta de cada vez, sou eu mesmo, estou bem graças a Deus e depois você saberá de toda a história, mas agora quero apenas saber onde está minha família, pois já liguei para minha casa e ninguém atende.

A resposta foi curta e esclarecedora:

– Seu pai e sua tia estão na casa da sua outra tia, ligue para lá que eles estão ansiosos para saber notícias suas.

– Vou ligar agora. Obrigado pela informação, tchau!

Uma terceira ligação foi realizada endereçada ao telefone fixo da casa de sua tia, aquela que era como sua segunda mãe.

Nem bem o telefone chamou, o pai, que estava colado ao aparelho, atendeu com uma convicção esperançosa, dizendo:

– Meu filho, é você?

– Pai, sou eu sim, estou bem! – A alegria daquele pai, misturada com o alívio e agradecimento por ter superado aquele pesadelo não possibilitou nenhuma outra palavra daquele genitor a não ser repetir demasiadamente – MEU FILHO, MEU FILHO, MEU FILHO, MEU FILHO...

O jovem liberto, disfarçando a emoção, disse:

– Meu pai, não sei bem onde estou, não sei como faço para chegar à minha casa. O pai extremamente aliviado respondeu:

– Diga-me onde você está que vou agora buscá-lo.

O jovem liberto passou o telefone para a moça que o ajudava e ela explicou qual o local em que se encontravam.

Ao identificarem qual era a paragem exata onde o jovem estava, um policial que acompanhava o pai da vítima disse que aguardasse um pouco, que dentre em breve estariam lá para buscá-lo. E assim a ligação findou.

Apesar do alívio de ter falado com seu pai e saber que a família, mesmo com toda a aflição vivida, estava bem, ainda reinava no coração do jovem liberto um medo, um receio de que os sequestradores voltassem para pegá-lo. Dessa forma, o estado de alerta permanecia e mesmo já estando liberto não conseguia relaxar.

Imbuído desses sentimentos ruins que lhe causavam uma sensação de angústia, o jovem já nutrindo por aquelas pessoas uma certa confiança resolveu falar:

– Sei que já estão me ajudando demais. Na realidade, vocês são os anjos enviados por Deus, mas, se não for pedir muito, será que eu poderia adentrar em sua residência? E permanecer lá até meu pai chegar? Pois estou com muito receio de que os bandidos possam voltar para me sequestrar novamente.

A moça, com um olhar de piedade, disse:

– Por mim não tem problema, mas como a dona da casa é minha mãe, preciso perguntar para ela.

O jovem aproximou-se da genitora da sua benfeitora e disse:

– Minha senhora, sem querer extrapolar o que já fez por mim, seria possível que eu permanecesse esperando meu pai dentro da sua casa? Tenho medo de que me sequestrem novamente.

A jovem senhora não tardou a responder:

— Meu rapaz, não me leve a mal, mas o que podia fazer por você já fiz, não posso permitir que entre em minha casa uma pessoa que nem conheço. Infelizmente, isso não posso admitir.

O jovem liberto, sem tentar argumentar, já entendendo e até achando que a decisão da senhora era acertada, apenas respondeu:

— Tudo bem, a senhora tem toda razão, permanecerei esperando aqui mesmo, e muito obrigado por ter me emprestado o celular.

A mãe disse:

— Sei que passou por um trauma enorme e agora está assustado com tudo, principalmente aqui em uma favela, mas não tenha medo, meu jovem, o pior já passou, não se preocupe, os bandidos não voltarão. Façamos o seguinte: vamos subir até minha casa, lá você poderá ficar na calçada com minha filha, aqui na favela é muito comum casais de namorados ficarem até altas horas nas calçadas, dessa forma, todos vão pensar que vocês estão namorando. Enquanto isso, a outra moça e o rapaz ficarão olhando de longe, lá no asfalto, para informar quem pode estar chegando ou saindo da favela. Dessa forma, você está protegido –; assim o fizeram.

Aqueles minutos de espera, a cada instante, tornavam-se mais e mais demorados. A angústia parecia travar o tempo, a ansiedade em rever seu pai consumia o jovem liberto, mas a moça que estava ao seu lado tentava acalmá-lo, trouxe-lhe um copo de água com açúcar, que ele bebeu quase de um gole só, mas não serviu muito. O único calmante para seu nervosismo seria abraçar seu pai novamente.

Foi quando apareceu um homem que aparentemente estava embriagado, puxando por uma corda um cachorro vira-latas. Aproximou-se do suposto casal e disse:

— Você parece nervoso, meu jovem. Não sei o que está acontecendo, mas não tenha medo. Aqui, na favela, ninguém vai fazer mal a você já que está namorando com essa moça.

A garota, por sua vez, querendo enxotar o bêbado do local, disse:

— Vá embora daqui! Agora não é hora para brincadeira, pois ele aqui passou por maus bocados.

O homem então falou:

— Se ele passou por uma situação difícil, eu e meu cachorro ficaremos aqui, montando guarda para protegê-lo, pense em duas feras, esse animal e eu. Meu jovem, eu sou uma pessoa importante, tenho amigos na Marinha, na Aeronáutica e no Exército, portanto proteção é comigo mesmo.

Nesse momento, os dois outros jovens que estavam olhando para o asfalto gritaram informando que se aproximavam em alta velocidade dois carros da cor prata. O jovem perguntou quais os modelos dos carros. Quando a resposta veio, dizendo que se tratava de um Celta e de um Palio, o jovem não conseguiu identificar que era o carro do seu pai, apesar de o veículo de seu genitor ser da cor prata, os modelos descritos pela observadora não batiam.

O coração angustiado voltou a bater de modo acelerado, igual ao momento em que foi sequestrado. O pensamento, apesar de confiante em Deus, não deixou de se perturbar. Pensou que eram os bandidos que voltavam. Quis se esconder, pois não queria passar novamente por aquele pesadelo, mas sem deixar transparecer todo o temor, afirmou em pensamento: "SEJA FEITA A SUA VONTADE, MEU PAI! DA MESMA FORMA QUE ME DEU FORÇAS PARA SUPORTAR E SAIR DESSA BATALHA, SE VIER NOVAMENTE, SE FOR DO MEU MERECIMENTO, TEREI FORÇAS PARA PASSAR POR TUDO DE NOVO SEM PERDER A FÉ EM SUA MISERICÓRDIA, QUE NÃO DESAMPARA NENHUM DE SEUS FILHOS".

A moça, que havia avisado da chegada dos carros, prosseguiu a informação dizendo que os veículos estavam cada vez mais próximos e que aparentavam que o destino deles era o local em que estavam.

Em uma pequena fração de tempo, ouviu-se um som de uma freada brusca, no mesmo instante em que rapidamente desciam dos carros uns três ou quatro homens fortemente armados, perguntando em alto e bom som:

– CADÊ O RAPAZ QUE FOI SEQUESTRADO?

O jovem liberto tentando, mas sem conseguir reconhecer nenhum daqueles homens, já temendo que novamente seria sequestrado, reuniu forças para levantar e dizer:

– EU SOU A VÍTIMA DO SEQUESTRO, CADÊ O MEU PAI?

Momento em que o genitor saiu de um dos carros e de braços abertos gritou:

– MEU FILHO, É VOCÊ MESMO! GRAÇAS A DEUS QUE VOCÊ ESTÁ BEM.

Uma mistura de alívio e alegria habitava o coração daquele jovem. Sem sombra de dúvidas, aquele foi o primeiro momento em que o jovem liberto sentiu, de forma viva, o sabor da liberdade. Mesmo já estando há algumas horas livre, todos os tormentos pelos quais passou não o fizeram relaxar, muito menos perceber que o bem que lhe tinham cerceado estava novamente pleno em seu viver. A liberdade do corpo físico já havia sido concedida, mas o espírito do jovem ainda se sentia aprisionado, diante da violência que ele temia poder novamente sofrer.

O jovem correu também de braços abertos para abraçar seu pai. Foi um reencontro emocionante, e a maioria das pessoas que acompanhava aquela cena não conseguiu resistir à emoção, deixando as lágrimas rolarem.

O abraço físico não demorou muito, mas o afago que aquele reencontro proporcionou àqueles dois espíritos permaneceu impregnado em seus seres, trazendo para ambos alívio, paz, tranquilidade e uma plena sensação de que o bem vencera, tudo isso sem ser pronunciada uma única palavra, já que os sentimentos falavam por si sós, ou melhor, o sentimento não necessitava de palavras, apenas foram em plenitude sentidos.

Algo que chamou atenção foi que o jovem liberto, mesmo tendo ficado muito emocionado, não chegou a chorar com o reencontro. Aliás, até aqui, em nenhum momento, dentre os muitos vividos em cativeiro, o jovem chegou a chorar. Nem ele mesmo sabia explicar tal motivo. Podia ser por conta do turbilhão de sentimentos que vivenciou de maneira tão intensa que o fez bloquear o choro, até mesmo como uma forma de defesa para não demonstrar fraqueza ante os bandidos, ou seria uma fé em Deus que não lhe permitira fraquejar.

Já fora do carro, estava também um amigo do pai do jovem, que havia sido o portador da entrega do resgate. Ao saber deste relato, o jovem liberto abraçou o homem em tom de agradecimento.

Um dos policiais que vieram nesse pequeno comboio aproximou-se do jovem e disse:

– Tenha certeza, meu rapaz, você é uma pessoa muito querida, hoje não possui um só pai, tem dois, pois o que esse homem fez se disponibilizando para deixar esse resgate só um pai faria.

Como não poderia deixar de ser, antes de partirem, o jovem liberto chamou aquelas duas moças, aquele rapaz e aquela senhora, abraçou os quatro e agradeceu profundamente o que eles tinham feito por ele, dizendo:

– No momento em que mais precisei vocês me estenderam as mãos. Quando todos me julgariam, vocês me acolheram, o que eu mais precisava era falar com minha família e vocês foram esse elo. Muito obrigado mesmo por tudo, não tenho como pagar o que fizeram por mim, uma vez que dinheiro não paga a acolhida que me deram, mas Deus, que não deixa nada passar despercebido, saberá na hora certa recompensar cada um de vocês. Desculpem-me qualquer coisa e, principalmente, me perdoem por ter achado que vocês eram bandidos. Hoje sei que os Anjos de Deus nem sempre vestem branco, têm cabelos loiros e olhos azuis. Os Anjos do Senhor aparecem quando alguém está necessitado, mesmo que das formas mais improváveis. Fiquem com Deus!

O pai do jovem liberto também agradeceu, quis ainda recompensá-los de alguma forma, mas eles não aceitaram.

Houve uma rápida e emocionante despedida, o jovem entrou em um dos carros ao lado de seu pai e seguiram para a casa de sua tia-mãe.

A curta viagem foi feita em pouquíssimo tempo. O pai e o filho não cansavam de se entreolharem em uma demonstração clara de que dessa forma tentavam matar a saudade que sentiam um do outro, além de se regozijarem com a possibilidade de novamente conviverem. Era o fim de um pesadelo.

5.3 – Da Chegada à Casa de Sua Tia-Mãe

Quando os dois carros chegaram ao destino, o porteiro do prédio da tia daquele jovem, reconhecendo os ocupantes dos veículos, foi logo abrindo o portão.

Da garagem ao apartamento da tia-mãe, havia um corredor não muito extenso, mas que não findava. A ansiedade do jovem liberto em rever sua grande amiga parecia fazer daqueles passos uma viagem para a eternidade. Apressou cada vez mais o caminhar, quando avistou na porta, escorada em uma grade de ferro, a figura daquela pessoa tão especial para ele.

Com a voz embargada, abraçou sua tia e disse:

– Minha tia, como sonhei com esse abraço, pensei que não mais estaríamos juntos nesta encarnação –, mais nenhuma palavra saiu. As lágrimas vieram e revelaram todo o amor que preenchia aquele momento.

A tia respondeu:

– Meu filho, sempre tive a certeza de que nos reencontraríamos e sei que Deus não falha a quem Ele promete. E o Senhor tinha me prometido trazer você de volta. Sei que passou por muitas dificuldades, mas conhecendo você como conheço, sei olhando para o seu olhar que o mal que lhe fizeram não abalou seu coração. Sua essência continua a mesma. Você vai se reerguer, continuar sua faculdade e tudo isso vai ser de grande aprendizado.

Foi como que instantâneo e aos pensamentos do jovem logo veio a lição sobre o bem e o mal, recebida na palestra ministrada no centro Espírita. Realmente, agora que o mal apareceu na vida daquele estudante, ele teria condições de, vivenciando e sabendo o que é o mal, optar por um dos dois caminhos: seguir trilhando a alameda do bem, sabedor de que as dificuldades não contaminaram seus pensamentos de paz, pelo contrário, fortaleceram sua convicção de que deve permanecer tentando fazer o bem. Ou deixar o abatimento tomar conta do seu ser, e passar a vibrar na faixa do mal, acreditando que foi uma vítima, que não merecia passar por tudo que passou e que o caminho agora seria imaginar que o mal compensa.

Esse era o momento, conhecendo o mal e o bem ele poderia optar: viver nas trevas ou permanecer buscando o bem?

Envolto nesses pensamentos adentrou no apartamento de sua tia-mãe, onde encontrou uma prima sua e outra tia. Sua mãe, sua irmã, seu sobrinho, seus amigos e sua namorada estavam na pequena cidade do interior do Estado, aguardando o momento em que se reencontrariam. Por sua vontade, o jovem liberto, diante da saudade que sentia, com certeza queria que todos seus entes queridos estivessem já ali, naquele instante. Disse:

– Cadê minha mãe, não está aqui?

O pai apressou-se em dizer:

– Saímos às pressas do interior e achamos por bem que ela ficasse por lá, uma vez que não sabíamos onde eles o libertariam, se fosse nas proximidades da nossa cidade alguém teria de estar lá para receber você. Não se preocupe, vou ligar para ela agora mesmo, pois todos por lá estão ansiosos para saber notícias suas.

Pegou o telefone e teclou, passando para o jovem, e já no primeiro toque a mãe aflita atendeu, demonstrando que estava grudada no aparelho, e disse:

– MEU FILHO, É VOCÊ, ESTÁ TUDO BEM?

– SOU EU SIM, MINHA MÃE, ESTOU BEM, NÃO SE PREOCUPE. ESTOU COM MUITA SAUDADE DA SENHORA, TENHO CERTEZA DE QUE EM BREVE ESTAREI NOVAMENTE EM SEUS BRAÇOS. TUDO FICARÁ BEM, VAMOS NOS REEGUER MUITO MAIS FORTES. A DIFICULDADE DEIXOU MUITAS LIÇÕES E DEUS PERMANECERÁ GUIANDO NOSSOS PASSOS.

A ligação terminou tendo permanecido bons sentimentos de fé, esperança e amor.

Para o momento, o que queria de mais urgente era mesmo tomar um belo e demorado banho, uma vez que passou todos esses dias de cativeiro sem ter acesso a nenhum tipo de higiene pessoal. Sentia-se fedido, a roupa muito suja, os cabelos estavam duros por conta da cola da fita que lhe vendava os olhos, a barba grande. Realmente o semblante dele em tudo lembrava o de um mendigo.

Rapidamente, sua tia providenciou uma toalha limpa e uma roupa improvisada, uma vez que todos os seus pertences pessoais estavam em sua casa. Mas a simples oportunidade do banho já era um grande prêmio, a lição de que nas pequenas coisas residem as grandes alegrias tornou-se intensamente verdadeira.

Adentrou ao banheiro e, antes do banho, que era mais que necessário, ajoelhou-se e rezou agradecendo a Deus por mais aquela simples oportunidade, mas que no presente era tudo que ansiava.

A água do chuveiro caía, enquanto o corpo material era banhado, o espírito se indagava:

– E agora, Senhor, liberto do cárcere material, será que terei forças para superar os traumas, verdadeiros cárceres da alma? Terei forças para voltar a morar sozinho nesta cidade e poder terminar minha faculdade? Como será minha vida daqui para a frente? Será que viverei tranquilo como vivia ou estarei sempre em alerta e assustado?

Essas indagações já evidenciavam o que posteriormente aconteceria. O trauma vivido levou o jovem liberto a não se reconhecer. Em momento algum ele imaginara ter em seu ser um medo tão grandioso que o aprisionaria. Esse sentimento o fez perceber um lado obscuro do seu eu: o desconhecido. Essa parte inexplorada teria de ser visualizada em sua totalidade para ser ultrapassada. Ele ainda não sabia, mas o que necessitava de fato era responder internamente à seguinte indagação: como se reconhecer diante do medo?

Os sentimentos estavam confusos, não se entendiam dentro do jovem: o querer e o não querer. O jovem que tanto lutou e pediu a Deus para permanecer vivo agora estava com medo de viver. Esse era seu grande receio, continuar vivendo e novamente sofrer violência.

Parece impossível sentimentos tão antagônicos habitarem um só ser, querer viver e ter medo de viver. O medo traz esses duelos nefastos.

E você, leitor, qual seu medo? Medo de viver ou medo de morrer?

O banho terminou com sua tia chamando, pedindo que terminasse o quanto antes, que a polícia o estava aguardando para tomar seu depoimento.

A água, o xampu e o sabonete lavaram o corpo material, o corpo psicológico só o tempo e a vivência poderiam limpar, ou não, as sequelas deixadas. O difícil agora era encarar o enorme desafio de viver após um trauma.

Ao sair do banheiro sentou-se à mesa na sala de jantar, arrodeado de algumas pessoas, onde os policiais começaram fazendo várias perguntas em uma tentativa de entender, passo a passo, o que aconteceu desde o dia 4 de maio de 2006 até o momento da libertação em 12 de maio do mesmo ano. Oito dias de cativeiro por narrar. Todas as indagações foram respondidas. O tempo passou e já estava quase raiando o dia, quando o delegado disse:

– Vamos encerrar por aqui, precisamos todos descansar um pouco, e por volta das 9 horas da manhã retornaremos às investigações, passarei aqui para levá-lo à delegacia.

Dessa forma, os policiais foram embora, deixando o jovem, seu pai, o amigo de seu pai, suas duas tias e sua prima. Todos estavam acomodados para dormir, era por volta de 4 horas da madrugada, os corpos e as mentes estavam cansados das fortes emoções, era necessário o sono reparador.

Ao deitar-se em sua rede, o jovem liberto sentia seu corpo cansado da tensão do cativeiro, a fadiga existia, mas a mente, que não conseguia processar tanta informação ao mesmo tempo, não conseguia descansar.

Os pensamentos permaneciam a todo vapor, um misto de sentimentos. Ao passo que se sentia aliviado por estar em casa, temia que tudo pudesse acontecer novamente. Enquanto naquele ambiente sentia-se seguro, pois estava cercado de pessoas nas quais podia confiar, temia o dia e o momento em que fosse obrigado pelas circunstâncias da vida a ter de estar sozinho novamente. Estava livre do cárcere, mas o sentimento de liberdade era limitado pela angústia e o temor.

Resolveu, então, para tentar conseguir dormir, fazer aquele exercício que desenvolveu quando estava em cativeiro. Começou a pensar em coisas boas, pessoas a quem queria muito bem e que o inspiravam confiança e, assim, começou a se acalmar e até relaxou um pouco, mas o sono não veio.

Permaneceu o tempo inteiro acordado, quando sua tia, que parecia estar igual a ele sem conseguir dormir, percebendo que o Sol já estava a enviar seus primeiros raios, levantou-se, fez um café e dirigiu-se para a padaria em busca de comprar pães.

Vendo toda essa movimentação de sua tia-mãe, o jovem liberto abriu os olhos e acompanhou, ainda deitado, todos os seus passos. O único que conseguiu dormir foi seu pai, que tomou fortes calmantes e cochilou por alguns instantes. O amigo que entregou o resgate, percebendo que o jovem já estava desperto, disse:

– Não consigo dormir, parece que a adrenalina do momento não me deixa relaxar.

Então os dois que estavam deitados em redes, uma próxima da outra, começaram a papear, e essa conversa permaneceu até o instante em que o café já estava posto à mesa. Conversa que amenizou a aflição que ali reinava.

Levantaram-se e foram fazer o desjejum. Após tomarem café, seu pai acordou, mesmo todos tendo dormido pouco ou quase nada, o ânimo da libertação fazia com que eles estivessem bem-dispostos e otimistas, imbuídos desse positivismo foram tomar banho e trocar de roupas.

A primeira atividade do dia foi seguir para o apartamento em que morava o jovem liberto, para pegar novas roupas para ele e alguns pertences, já que ainda naquela sexta-feira viajariam de volta para a interior no intuito de encontrarem o restante da família e amigos que residiam lá.

Ao retornar ao seu apartamento, o jovem liberto temeu, quando passou em frente e viu de novo o local onde fora sequestrado. Aquela mesma parada de ônibus que todos os dias era o ponto de partida para sua faculdade, agora era um ponto de aflição e trazia dolorosas lembranças. Olhou fixamente por pouco tempo para aquele ambiente e, sem resistir às nefastas lembranças de um passado muito recente, disse:

– Vamos embora daqui, vamos logo lá para o apartamento.

Ao entrar em sua residência, tudo era lembrança. Recordou-se de todos os momentos em que estivera ali, sem nenhum receio ou medo, e começou a imaginar como seria daquele momento em diante. Sentia-se como uma criança que havia perdido a inocência, tinha a plena convicção de que a prova de voltar à rotina seria enorme, não sabia se iria resistir. Antes do sequestro vivia tranquilo, mas agora tinha o medo e o receio como companhias inseparáveis.

Tentando fugir daquele ambiente, fez sua mala o mais rápido possível, lançou mão daquilo que parecia o necessário e pegou um par de lentes de contato velhas que tinha guardado e as colocou, uma vez que até aquele momento estava sem as lentes, que havia descartado no cativeiro e, sem esse assessório, ele enxergava muito pouco.

Tendo feito o que precisavam fazer ali, desceram até a portaria, local onde pegaram um carro que aguardava os três para os levarem à delegacia para a tomada de depoimentos.

O dia transcorreu, e o jovem e seu pai permaneceram envoltos pela burocracia que a abertura de inquérito policial requeria para o momento. Da delegacia o jovem liberto foi encaminhado para o IML, local onde teve de se submeter ao exame de corpo de delito.

Todos aqueles momentos foram dolorosos, uma vez que foi necessário relembrar todo o acontecido e as lembranças não traziam boas recordações. Pior ainda foi o instante em que um policial começou a fazer perguntas que soaram como desconfiança. O jovem não gostou nada do que percebeu e retrucou:

– É ISSO MESMO QUE ESTOU ENTENDENDO? APESAR DE TER SIDO VÍTIMA DE UM SEQUESTRO, DEPOIS DE TODA DIFICULDADE E TRAUMA QUE PASSEI, AINDA SOU OBRIGADO A OUVIR INSINUAÇÕES CONTRA MINHA PESSOA? VOCES ACHAM QUE EU ESTOU INVENTANDO TUDO ISSO? NÃO VOU ACEITAR ESSA SITUAÇÃO DE TAMANHO DESRESPEITO. A VÍTIMA AQUI SOU EU E, SE VOCÊS NÃO QUEREM ME AJUDAR, VOU EMBORA.

A escrivã que tomava o depoimento, percebendo que havia se excedido em suas insinuações, pediu desculpas e passou a questionar a vítima de forma diferente.

Ao final de tudo já eram cerca de 16 horas, o jovem já estava faminto, pois só estava com o café da manhã, necessitava comer. Os policiais o levaram até a residência de sua tia, local onde ele e seu pai almoçaram e jantaram ao mesmo tempo, por conta do adiantado da hora.

A bagagem já estava arrumada, tomaram um rápido banho e partiram rumo ao interior para encontrar o restante da família, ou melhor, para reencontrar amigos e familiares, que desde as primeiras horas do dia, ao receberem a notícia de sua libertação, estavam ansiosos aguardando a sua chegada.

5.4 – A Viagem para a Terra Natal

A despedida da tia-mãe foi rápida, cheia de emoção e repleta de uma certeza: o reencontro estreitou ainda mais os laços de carinho sentido entre aquele sobrinho e sua tia, já que a dificuldade e o sofrimento fortaleceram o amor fraternal.

O tempo da viagem, que demorou cerca de cinco a seis horas, serviu como um necessário momento de conversa entre pai e filho. Diante da euforia da libertação e da felicidade do reencontro, e ainda pelo dia cheio de compromissos que ambos tiveram, os primeiros instantes em que estiveram juntos não possibilitou ao jovem liberto um instante sequer de privacidade com seu pai. Tinham se falado rapidamente, ainda tomados pela emoção, e precisavam de um período, em uma conversa franca, para perceberem o que se passava no coração um do outro.

O carro que conduzia o trio era o velho automóvel do jovem liberto, um carrinho popular, sem grandes confortos, que estava sendo dirigido inicialmente pelo pai, mas alguns poucos quilômetros depois a direção foi assumida pelo amigo que entregou o resgate.

Era visível o abatimento dos três diante da aflição superada. O cansaço físico reinava, mas os pensamentos preocupados e tensos dominavam aqueles corações. A libertação era muito recente, a alegria não superava o receio de acontecer tudo de novo, o medo não deixava nenhum tranquilo ao ponto de relaxar.

Em nenhum momento reinou o silêncio, um dos três sempre esteve a perguntar alguma coisa relativa ao acontecimento do sequestro. E dentre essas perguntas, o pai perguntou ao filho:

– E agora, meu filho, como vai ser? Você conseguirá ter forças para terminar sua faculdade? Se eu puder lhe fazer um pedido, peço que não a abandone, sei que esse sempre foi seu sonho, por isso acho que não é justo que você perca essa oportunidade. Não sei como faremos para superar todo esse trauma, mas se você achar melhor, poderemos transferir seu curso para outra cidade, quem sabe outro Estado ou até mesmo outro país, mas meu pedido é: não abandone seu sonho.

O filho, em meio a um turbilhão de sentimentos, sem saber se naquele instante o medo o dominava ou o sonho da faculdade venceria, com uma convicção que não sabia detectar de onde vinha, respondeu:

– Ainda é muito cedo para decidir o que fazer, o que posso afirmar agora é que quero concluir minha faculdade, não vou desistir do meu sonho, o que me angustia é não saber se terei forças para realizar meu intento. Não sei como farei para retornar, como terei condições de viver sem assombros de que novamente venha a ser sequestrado. Só o tempo vai dizer.

O pai, gostando da resposta que ouviu, disse:

– Isso mesmo! Não desista de seu sonho, pois se isso acontecer será a nossa maior derrota. Conte comigo para o que der e vier, eu o ajudarei no que puder, tenha certeza disso.

O genitor, sem saber a dimensão exata do abalo que aquele nefasto episódio causou em seu filho, em poucas palavras detectou qual seria a luta que o jovem liberto iria enfrentar a partir daquele momento.

A luta seria dele consigo mesmo. A libertação do cárcere não poderia ter ocorrido apenas no plano exterior, os pensamentos, a mente do jovem precisavam sentir a plena sensação de liberdade, caso contrário, ele, mesmo liberto do cárcere, sem nenhuma grade ou empecilho material, permaneceria mentalmente aprisionado pelo medo.

Com certeza, a maior de todas as prisões é a mental, pois limita o indivíduo em todos os aspectos. Pior, aprisiona o pensamento, e sem essa liberdade, como seguir vivendo?

Será que uma pessoa pode estar presa em um presídio e conseguir por meio do pensamento sentir-se livre? Ou está livre das amarras de uma prisão material, mais aprisionado por seus pensamentos?

O medo pode aprisionar ou impulsionar a libertação, basta apenas que aquele que o sente determine mentalmente qual estrada seguir.

E você, caro leitor, já percebeu o medo em qual de suas vertentes? O aprisionamento ou a libertação?

O jovem recém-liberto, diante do trauma vivido, permanecia preso ao medo de tudo acontecer novamente, não conseguia ficar sozinho em nenhum lugar, estava assustado. Necessitava libertar o pensamento, pois do contrário não iria aproveitar essa nova chance que Deus estava lhe concedendo.

A viagem transcorreu sem interrupções até a cidade vizinha do destino final, local onde o pai pediu que o seu amigo, que dirigia o transporte, parasse, para que o genitor pudesse pegar seu carro que havia deixado ali, na casa de um outro amigo.

Nessa ocasião, os três seguiram em dois carros, o amigo que ajudou com a entrega do resgate seguiu no automóvel do jovem e o pai juntamente ao filho seguiram no carro do genitor.

Eram poucos quilômetros que restavam para o retorno à cidade natal e a ansiedade começou a imperar. Mais do que isso, a esperança começou a nascer no coração do jovem liberto. Imaginava ele que, cercado de pessoas conhecidas, junto dos seus, estando em uma cidade pequena onde todos se conhecem, ele poderia afastar o medo que dominava seu coração e sua mente até aquele momento.

Antes de seguirem viagem, o telefone tocou, era sua mãe que queria saber onde estavam e revelou que havia uma boa quantidade de pessoas reunidas na casa deles para recepcioná-los. Informou ainda que já na chegada à cidade, antes de adentrarem propriamente na sede do município, havia algumas pessoas, com motos para fazer uma pequena carreata a fim de acompanhá-los até a residência da família.

A cada quilômetro percorrido, a distância do reencontro diminuía e aumentava a expectativa para o abraço acolhedor que receberia de sua mãe e de sua irmã.

Quando o jovem avistou algumas motos paradas, percebeu que se tratavam de alguns amigos mais próximos dele, a maioria na mesma faixa etária. O jovem solicitou ao pai que parasse o carro, desceu e correu para abraçar seus amigos com muita emoção e algumas lágrimas, felicidade a mil, sendo essa a preparação para o retorno ao colo da mãe.

Dessa forma, saíram as motos à frente e os dois carros em uma pequena carreata. Dentro do automóvel permaneciam o pai e o filho, mas nesse instante o genitor, ressentido com todo o mal que ameaçaram fazer com sua família, começou a falar:

– Não sei o que fiz para sofrer esse sequestro, essa foi uma grande injustiça, sofri muito ao escutar os bandidos dizerem que iriam enviar você, meu filho, pedaço por pedaço pelos correios, que você era apenas um boneco de pano nas mãos deles, eu jamais vou perdoar essas pessoas que fizeram isso conosco. Você não é uma má pessoa. Por que Deus permitiu que sofresse tanto assim?

O filho, muito emocionado com a demonstração de carinho explícito que estava a receber de amigos e familiares, e sabendo de quanto Deus havia mostrado sua misericórdia, o amparando durante todo o momento em que esteve em cativeiro e, principalmente, por lhe propiciar o reencontro com os seus, respondeu em alto e bom som:

– Meu pai, nós somos aquilo que queremos ser. Aquilo que pensamos determina aquilo que somos, portanto, mesmo diante das ofensas e ameaças recebidas, se quisermos pensar no bem, nós seremos esse bem que Deus nos ensina a todo momento. Mesmo na dificuldade, Deus não desampara nenhum de seus filhos, desde que o filho volte seu pensamento para lhe pedir ajuda, Ele ajudará, e foi isso que ele fez conosco. Ele esteve conosco em todos os instantes, e o que estamos vivendo nesse instante é mais uma das bênçãos divinas, essa demonstração de carinho que recebemos agora é uma prova cabal de que, se quisermos o bem, pensarmos no bem, conseguiremos sempre vencer o mal, e o mal se destruirá por si só. Portanto, meu pai, da mesma forma que horas atrás o Senhor me fez um pedido, agora eu lhe peço que não se deixe contagiar com o mal, veja o bem que estamos recebendo, agradeça a Deus por tudo, seja o bem ou o mal, mas só queira o bem.

Desse modo, o pai foi acalmando-se, ao passo que o pequeno cortejo chegou à sede da cidade, em meio a buzinas e fogos de artifício que quebravam o silêncio dos céus, festejavam a chegada, viram o aceno de muitas pessoas, que apesar de já ser mais de 11 horas da noite, ainda aguardavam nas calçadas para recepcionar o jovem liberto.

Na avenida de chegada daquela pequena cidade, em uma fazenda, morava a namorada do jovem. Ao passarem em frente a essa residência, o jovem procurou saber se sua escolhida estava em casa, mas informaram que ela estava junto com sua mãe na casa da família.

Apesar de ser Espírita praticante, o primeiro lugar em que o jovem colocou seus pés na sede da cidade foi no patamar da igreja matriz, local onde ele se ajoelhou, beijou o chão e agradeceu a Deus pela possibilidade do retorno.

Voltando para o carro, andaram alguns poucos metros e chegaram à casa da família, de longe já avistaram a rua tomada por muitas pessoas, que desde cedo aguardavam a sua chegada.

Antes de descer do veículo, tentou identificar na pequena multidão onde estavam sua mãe, sua irmã, seu sobrinho e sua namorada, mas não conseguiu visualizar. Resolveu sair do carro, momento em que começou a tocar em um paredão de som a música "Luz Divina", de Roberto Carlos e Erasmo Carlos:

Luz que me ilumina o caminho
E que me ajuda a seguir
Sol que brilha à noite, a qualquer hora, me fazendo sorrir
Claridade, fonte de amor que me acalma e seduz
Essa Luz só pode ser Jesus, essa Luz
Raio duradouro que orienta
O navegante perdido
Força dos humildes, dos aflitos, paz dos arrependidos
Brilho das estrelas do Universo, o seu olhar me conduz
Essa Luz, é claro que é Jesus, essa Luz

Sigo em paz no caminho
Da vida porque
O caminho, a verdade, a vida é você
Por isso eu te sigo
Jesus, meu amigo

Quero caminhar do seu lado e segurar sua mão
Mão que me abençoa e me perdoa
E afaga o meu coração
Estrela que nos guia, Luz Divina, o seu amor nos conduz
Essa Luz, é claro que é Jesus, essa Luz

Luz que me ilumina o caminho
E que me ajuda a seguir
Sol que brilha à noite, a qualquer hora, me fazendo sorrir
Claridade, fonte de amor que me acalma e seduz
Essa Luz, é claro que é Jesus, essa Luz, é claro que é Jesus

Essa Luz, só pode ser Jesus, só pode ser Jesus
Essa Luz, só pode ser Jesus, só pode ser Jesus
Essa Luz, é claro que é Jesus, essa Luz Divina
Essa Luz, essa Luz, essa Luz, essa Luz, é claro que é Jesus
É Jesus, é Jesus
Essa Luz, Luz Divina, é claro que é Jesus
É claro que é Jesus
Essa Luz, essa Luz, é claro que é Jesus
Essa Luz.

Em meio à música, saiu acenando positivamente para todos que ali estavam, quando foi abraçado por uma criança, sobrinha de sua namorada, que correu ao seu encontro, ele retribuindo o carinho daquela menina, beijou sua face e abriu um lindo e demorado sorriso.

Tentando transpor a multidão para chegar até sua mãe, não deixou de atender a todos que carinhosamente o cumprimentavam, e recebeu de sua tia uma bela imagem de seu grande amigo e protetor, Santo Expedito.

Em meio a essa caminhada encontrou sua irmã, que lhe disse:

– Meu irmão, graças a Deus que você está bem, se pudesse teria ficado em seu lugar, acho que você não merecia.

O jovem respondeu rápido:

– Minha irmã, não diga isso, você, Espírita que é, sabe mais que eu que nada é por acaso, eu tinha de passar por tudo isso, e você poderá me ajudar a enfrentar o que virá pela frente. Cada um de nós, desenvolvendo seu papel, chegaremos lá, confiantes em Deus que jamais desampara seus filhos.

Demorou um pouco, mas não muito, para o jovem chegar até sua mãe, e finalmente encontrar aquele abraço que tanto imaginou receber, o calor amoroso de mãe recebeu o filho que sabia estar machucado, mas que, com seu olhar, curou as feridas e afagou tão protetoramente que os medos e receios por aquele instante sumiram, como se nunca tivessem existido.

As palavras foram poucas, até porque com todo o barulho em volta, pouco se escutaria. A mãe disse apenas:

– Graças a Deus, meu filho, você voltou, Deus é muito bom.

O filho, ainda sorridente, deixando escorrer uma lágrima, falou:

– Voltei para a senhora, minha mãe, e pelas mãos de Nossa Senhora que tanto me protegeu nesses momentos de aflição.

Desse momento em diante, o grupo de pessoas que ali estava reuniram-se e começaram a rezar um terço em agradecimento pela libertação daquele jovem. Tudo foi realizado no serviço de som para que todos acompanhassem a oração.

Abraçado com seu grande amigo de um lado, e do outro, a sua namorada, o jovem acompanhou tudo de perto e, ao final da oração, pediu para falar ao microfone.

Sem ter formulado nenhum discurso, tomado pela emoção daquele momento, não poderia deixar de pelo menos agradecer a todos pela recepção carinhosa e assim pegou o microfone, meio que tremendo, ou melhor tremendo por completo, já que estava muito nervoso e emocionado; falou:

– Boa noite, meus amigos e familiares! Não estou em condições normais para falar em público, uma vez que estou muito emocionado, mas não poderia deixar de agradecer de coração a cada um de vocês, os que aqui vieram e principalmente àqueles que rezaram por mim e por minha família. Tenham certeza de que no cativeiro em que me encontrava pude sentir suas vibrações positivas, e por isso hoje estou aqui. Não posso deixar de expor o que vivi enquanto estava sequestrado, uma vez que vivenciei momentos de medo, aflição, angústia, mas tive nessa situação a possibilidade de comprovar o quanto é grande a misericórdia divina, na qual me apeguei muito com Deus, com Santo Expedito, Nossa Senhora de Fátima e com Jesus, e pude perceber que nenhuma arma, nenhuma raiva, rancor, inveja são maiores que o poder de Deus.

– No primeiro dia de cativeiro, os sequestradores retiraram tudo que eu tinha de material e carregava comigo, queimaram meu celular, meus documentos, cadernos, livros da faculdade, etc. Mas deixaram no meu bolso a pequena imagem de Santo Expedito, que trago comigo desde alguns anos, tive a certeza de que retornaria para casa, sabia e confiava em Deus que viveria esse momento que estou vivendo agora. Só não imaginei que encontraria tantas pessoas a me esperar, mas sempre tive a convicção de que minha mãe, meu pai, minha irmã, minha namorada, meu sobrinho e meus familiares estavam a me esperar como sempre estiveram quando aqui retornei durante as férias da faculdade –, e concluído: – Para terminar, quero deixar meu testemunho de que o Amor é a solução para todos os problemas. E se alguém pensa que não conseguirá, acredite em Deus que Ele te mostrará tudo isso. Muito obrigado por tudo e fiquem com Deus.

Após o discurso, a pequena multidão foi se dispersando lentamente. Aqueles que não tinham tido a oportunidade de falar com o jovem liberto, até mesmo alguma pessoa que veio para o conhecer, tentavam falar com ele, de uma forma que já passava de 1 hora da madrugada e o jovem ainda permanecia a cumprimentar as pessoas que o procuravam.

Uma senhora, amiga da família, vendo o adiantado da hora e que o jovem liberto e seus familiares estavam exaustos com as emoções vividas, resolveu tomar à frente de tudo e pediu que as demais pessoas, que ainda aguardavam para falar com ele, compreendessem a situação e fossem para suas casas, pois no outro dia teriam a oportunidade de cumprimentá-lo.

Ao entrar em casa relembrou todos os cantinhos do seu lar, doce lar, como a emoção de um primeiro encontro, tomou um refrescante banho, pediu a bênção de seu pai e de sua mãe e dirigiu-se ao seu quarto para dormir.

Deitou-se e ficou envolto no turbilhão de sensações e sentimentos que o preencheram durante todo aquele longo dia. Pensando em tudo que lhe aconteceu e sentindo o prazer de estar de volta em casa, começou a se indagar:

– E agora, vou conseguir libertar meus pensamentos desse medo que ainda sinto?

Tentou dormir de todas as maneiras, mas não conseguiu, por mais uma noite viu da janela de seu quarto o dia iniciar com os primeiros raios de sol.

5.5 – Os Dias após a Libertação

Com o retorno para o seio familiar, a atmosfera tendia a inspirar aconchego. A família tentava suprir o sofrimento vivido com muita união e fraternidade. O trauma começava a ser tratado.

Aquela pequena cidade era a tradução do refúgio perfeito para aliviar o coração temeroso do jovem liberto. Tudo naquele lugar favorecia à tranquilidade, principalmente o fato de a pequena população ser interdependente, por conta das relações sociais praticamente todos, sem exceção, se conheciam mutuamente, em um cenário que trazia ao coração aflito uma sensação de proteção e segurança.

Por estar cercado de familiares, amigos e pessoas conhecidas, o temor de ser novamente sequestrado diminuiu. Não chegou a desaparecer, pois os pensamentos não deixaram de imaginar que dentro em breve o retorno para a capital aconteceria. Se o sonho da formatura permanecia intacto, o regresso para os bancos acadêmicos não tardaria a advir. E naquela grande metrópole a impressão de insegurança poderia aparecer tão fortemente, que se perpetuaria como o aprisionamento definitivo.

Pensar no futuro retorno torturava o coração já aflito.

Se o futuro era temido, o presente servia como uma parada para recarregar as baterias. O momento atual deveria ser vivido com intensidade.

A volta para a cidade natal ocorreu em um fim de noite de uma sexta-feira, e já na semana seguinte o jovem deveria retornar para Fortaleza, inicialmente para cuidar da sua saúde oftalmológica, pois teria de passar por exames avaliativos, para constatar se rertirar havia sido prejudicado ou não por todos os dias em que passou vendado. Além disso, era mister retornar para a faculdade, tinha de solucionar como ficaria o seu semestre, se iria repetir ou se aproveitaria as disciplinas cursadas. Tinha ainda de reassumir seu estágio.

O sequestro o tirou repentinamente de sua rotina, ceifou temporariamente sonhos, essa violência brutal nem de longe poderia ser maior do que o medo de recomeçar, sua liberdade deveria ser total, necessitava estar mentalmente livre para tornar a realizar todas as suas atividades.

Não por querer, mas necessitava voltar à capital para continuar sua vida. Teria forças para fazê-lo?

Sem muito tempo para pensar, meio que impelido pelas circunstâncias, na terça-feira da semana seguinte partiu com sua mãe para Fortaleza.

Antes disso, passou por uma consulta com uma psiquiatra, que atestou que o jovem liberto necessitaria de um período para reabilitação.

De posse desse atestado, seguiu para a faculdade, foi até a sala da coordenação e expôs todo o problema, onde recebeu muito carinho e respeito, chegando em conjunto com a coordenadora a uma rápida solução: como as férias já estavam próximas e o histórico acadêmico do jovem era repleto de boas notas e irretocável em sua conduta, teve a liberação para permanecer em casa tratando do trauma vivido sem nenhum prejuízo em relação às disciplinas cursadas.

Seguindo para a Justiça Federal, órgão onde estagiava, recebeu a mesma atenção ocorrida na faculdade, e também foi dispensado do estágio, sem a perda de sua remuneração, até o fim das férias, com retorno marcado para o dia 1º de agosto de 2006.

Restava apenas o *check-up* para verificação da saúde visual. Esta não dependia apenas de arranjos institucionais, os exames iriam constatar se além da violência psicológica o jovem tinha ou não ficado com alguma sequela em sua visão, já tão defeituosa.

Contrariando todos os prognósticos iniciais, que revelavam um receio de que a venda imposta durante quase nove dias provavelmente teria prejudicado a visão, os exames revelaram que, nas palavras da médica, tinha acontecido um milagre: a visão do jovem permanecia da mesma forma que estava antes da violência sofrida.

Em uma semana, o jovem e sua mãe já estavam liberados para retornarem à cidade interiorana. trazendo na bagagem algumas boas notícias.

A notícia do sequestro tinha se alastrado não só naquele pequeno município, mas também por todos os municípios circunvizinhos, de uma forma tal, que muitas pessoas conhecidas da família e até mesmo desconhecidas fizeram muitas orações e, dentre essas muitas promessas, umas para serem pagas pelos que fizeram, outras tantas para serem pagas pelo jovem liberto e seus familiares, todas eram em agradecimento à graça alcançada da libertação.

Mesmo sendo Espírita e não sendo adepto de promessas, o jovem, ao saber das correntes realizadas, comprometeu-se a pagar todas aquelas que estivessem ao seu alcance. E assim fez: assistiu a missas descalço, percorreu procissão vestido de branco, rezou terços, soltou fogos de artifício, etc.

Cerca de um mês e meio foi o período exato em que o jovem permaneceu em convívio intenso com seus familiares na pequena cidade natal.

Durante esse tempo, conseguiu ele viver em parte tranquilo, pois desfrutava de proteção e atenção, mas o receio do retorno acompanhou todos os momentos, a reflexão era constante: "O sonho da formatura seria maior que o medo da violência?".

Interessante que a mesma situação vivida no cativeiro voltou a acontecer, em proporção menor, mas se repetiu.

Lá, no cativeiro inicial, todos os momentos vividos em cárcere foram de muita aflição, dias e noites de sofrimentos, em que as noites pareciam transformar em mais latentes os medos e traumas adquiridos, mesmo sem enxergar nada, uma vez que, como recordamos, estava vendado quando encarcerado.

A escuridão da noite assusta mesmo que não se enxergue nitidamente as sombras. E os dias, mesmo sem a visualização dos raios solares, invadem os corações de esperança.

Assim permaneceram, os dias após a libertação eram repletos de esperança de que o trauma não seria um cárcere eterno, a alma ansiava pela libertação total além das grades.

Mas as noites?! Ah... As noites eram traiçoeiras. Traziam por si sós todas as aflições que o dia buscava curar. Durante algumas noites, principalmente as primeiras após a libertação, a maior dificuldade era conseguir adormecer, e mesmo quando dormia o sono era leve, inquieto, assustado e temeroso.

As paredes da sua casa, as portas e as grades não traziam a sensação de segurança. Por mais que fosse muito improvável ser novamente sequestrado, ainda mais ser sequestrado em sua casa, ao lado dos familiares que o cercavam de proteção, o pensamento não cessava de temer que a violência voltasse a acontecer.

Esse medo, por várias noites, o fez perder o sono, chegando a situações extremas de uma quase alucinação, que o fazia se sentir protegido apenas quando estava embaixo de sua cama, só assim conseguia relaxar por algum instante e dormir.

O jovem estava atormentado, não sentia a sensação de liberdade plena, receava viver muitas situações de violência. A prisão era mental e temendo não conseguir passar por tudo aquilo sozinho, mas sem querer preocupar a família, preferiu não falar abertamente sobre o assunto, precisava de uma ajuda profissional. Foi quando, em uma conversa com sua tia e sua mãe, resolveram que deveria fazer um tratamento psicológico.

Nesse momento, já estavam discutindo como seria o retorno para a faculdade, onde iria morar, pois o jovem não tinha mais condições de voltar a morar sozinho, muito menos voltar a morar no mesmo lugar em que residia, o que, com certeza, traria muitas lembranças sofridas.

A sua tia-mãe de pronto o convidou para morar com ela. O jovem, ao saber do convite, logo se animou, pois tinha plena convicção da afinidade que tinha com ela. Realmente, esse seria o ambiente ideal para morar após o trauma vivenciado. Precisava mesmo da acolhida que sua tia-mãe poderia lhe propiciar.

5.6 – O Dia da Partida

Os dias de descanso passaram rápido. Ainda receoso, o jovem já se sentia mais forte e convencido de que queria mesmo voltar para terminar o curso de Direito, e o sonho falou mais alto. A liberdade veio por meio da carta de alforria conquistada à base de inspiração pelo sonho de ser advogado.

Essa foi a corda que alavancou o jovem para retornar à faculdade. Não poderia ser outra faculdade, tinha de ser a que ele já cursava. Se mudasse para outra cidade, teria a exata noção de que havia se acovardado. Queria enfrentar seus medos, para isso teria de deixar a cidade interiorana e voltar para a capital.

O momento da partida, como não poderia deixar de ser, foi emocionante, em meio a lágrimas foi à casa de cada um e de todos os seus familiares mais próximos, para abraçar e ser abraçado, para agradecer e pedir emanações de força e positividade.

Deixou a sua terra natal para trás, mas levou em sua bagagem emocional o medo da violência. Esse receio que lhe acompanhava desde o acontecimento do sequestro insistia em permanecer, esse era o inimigo que o jovem necessitava vencer.

5.7 – Do Retorno para a Faculdade

Ao chegar à capital cearense, foi amorosamente recebido por sua tia-mãe, que gentilmente abriu as portas de sua casa para o acomodar.

Era justamente esse ambiente de cumplicidade uma das armas que o jovem tinha à sua disposição para superar o cárcere imposto por sua própria mente. Aliado a isso, o tratamento psicológico que começaria naquela mesma semana seria outro viés que traduziria a esperança da libertação emocional.

Já estando totalmente acomodado em sua nova casa, a noite que antecedeu a volta para o estágio foi tranquila, fato que surpreendeu inclusive o jovem, que já há algum tempo não dormia uma noite tão sossegadamente. O dia amanheceu e a esperança cresceu, o horário de entrada no estágio era apenas às 12 horas, até lá o jovem concentrou-se em pensar positivamente, em imaginar que conseguiria andar pela cidade sem pavor. Dessa forma, a todo instante fazia esse exercício mental, visualizando o caminho que pretendia percorrer, e assim tentava se fortalecer para enfrentar a realidade.

A residência de sua tia, muito próxima do local do estágio, tão perto que iria andando mesmo, seria uma caminhada de poucos minutos, cerca de cinco a dez minutos, não mais que isso.

Às 11h30 o jovem já estava pronto e, antes de partir, fez a já rotineira oração, rogando ao Pai de infinita bondade que lhe desse força para conseguir andar sozinho sem nada temer, em meio à multidão que transitava diariamente nas ruas de uma grande cidade. Precisava não se sentir amedrontado com os desconhecidos, nem tampouco se sentir intimidado; confiante em Deus e no Seu amparo, seguiu seu intento.

Sua tia-mãe lhe acompanhou até o portão do prédio em que residia, abençoou o jovem e ele saiu andando. Essa caminhada não foi nada tranquila, nem de longe andava sossegado como outrora. A todo instante, ao perceber a aproximação de alguém em sua direção, sentia o coração disparar, era o medo. Para onde olhava, só via pessoas desconhecidas, e todas eram criminosas em potencial, o pavor estava por todo lado. Transpirava muito e por um instante quis recuar.

Mais uma vez, elevou o pensamento ao alto, pedindo força; reuniu a coragem que ainda lhe sobrava, firmou o passo e disse convicto para si mesmo: "Eu vou vencer essa barreira, vou me libertar em pensamentos, não vou desistir do meu sonho"; apressou os passos e chegou.

Cinco minutos antes do horário de entrada, o jovem já estava no prédio do estágio, pegou o elevador e subiu até o sétimo andar, adentrou na Vara em que trabalhava, cumprimentou seus colegas e logo se dirigiu para sua mesa de trabalho. Não demorou muito para seu orientador de estágio lhe dizer:

– Retornou, meu jovem. Estávamos aguardando sua vinda, tínhamos até pendurado seu crachá aqui no armário, pois há muito tempo o departamento de recursos humanos deixou aqui, mas você não tinha aparecido para pegá-lo –, em tom de brincadeira finalizou dizendo – Estamos todos querendo lançar uma campanha para procurar você: procura-se o dono de um crachá desprezado –, todos riram.

O jovem, já desconfiado desse assunto, retrucou:

– Você não lembra que eu vim aqui, inclusive com minha mãe, expliquei para todos que havia sido sequestrado, e o diretor de secretaria me concedeu férias para me recompor do abalo sofrido?

O orientador disse:

– Lembro-me, sim! E por falar em diretor de secretaria, ele disse que quando você retornasse fosse direto para a sala dele.

O jovem falou:

– Tudo bem, vou até lá.

O orientador disse:

– Leve seu crachá.

Quando o jovem saiu em direção à sala do diretor, encontrou uma moça que se apresentou para todos que trabalhavam naquela secretaria como a nova estagiária.

Já era previsível o que iria acontecer e o diretor de secretaria não tardou em dizer ao estagiário:

– Meu jovem, entenda, sou apenas um funcionário, cumpro ordens, infelizmente você demorou muito a voltar para assumir seu estágio e com isso recebi a comunicação da sua exoneração do cargo.

O jovem, indignado, sem querer acreditar no que estava acontecendo, asseverou:

– Como assim, estou exonerado? Não havia ficado combinado que eu retornaria exatamente hoje, dia primeiro, para assumir minha função? Tudo que vocês exigiram eu enviei, entreguei um atestado de um psiquiatra afirmando que não poderia trabalhar durante esse período e ficou tudo certo que meu estágio remunerado estava mantido, agora você vem com essa, na hora em que eu mais preciso desse emprego sou demitido sem nenhuma explicação plausível?

O diretor disse:

– Infelizmente é isso que tenho para lhe dizer, e, se me der licença, tenho muito o que fazer; antes de partir passe no setor de recursos humanos para acertar suas contas.

Sem falar nenhuma palavra o jovem partiu sem se despedir de ninguém, a tristeza dessa decepção o calou por um instante.

Devolveu o crachá, assinou sua exoneração e foi embora para não mais retornar.

Caminhando de volta para sua residência, sentia-se, além de apavorado, com medo de tudo e de todos, muito triste e decepcionado, achava que aquele episódio era um péssimo sinal, pensou que não deveria ter retornado para a faculdade, a sensação de querer desistir de seu sonho pela primeira vez começou fortemente a povoar seus pensamentos. Julgava-se injustiçado, imaginava não merecer tudo o que passara naquele dia.

Sem ter o que fazer nem a quem recorrer, resolveu orar enquanto caminhava e, dessa forma, chegou ao apartamento, contou tudo para sua tia, que o consolou com palavras de incentivo, salientando que não existem males que não venham para o bem.

Capítulo VI
Da continuação do sonho e o cárcere do medo

6.1 – Do Início das Aulas na Faculdade

Dois dias após o frustrante retorno ao estágio, a hora era de voltar para a faculdade. Para esse intento, contou com a ajuda de seus dois amigos, que, para acompanhá-lo, resolveram fazer um rodízio de carros, a cada semana um dos três amigos levava os outros dois, de maneira que economizavam dinheiro, e ainda estavam sempre perto do jovem liberto lhe fazendo companhia e, principalmente, trazendo-lhe uma sensação de proteção.

Como já estavam cursando o 9º semestre, e o jovem já havia adiantado algumas cadeiras, não tinham tantos dias de aulas, a maior parte do tempo estava livre para poder escrever sua monografia de término de curso.

Ao retornar para a faculdade, pôde encontrar outros colegas e professores, que sabendo da violência vivida, tentaram da melhor forma possível receber o jovem com todo o carinho e acolhimento.

Além de tudo, o jovem estava ansioso para retornar aos estudos para saber se o sequestro não tinha atrapalhado sua capacidade de concentração, sua dedicação às aulas, seu empenho.

Já no primeiro dia do retorno, reacendeu a chama da vontade de viver, de estudar, de buscar o aprendizado. Foi automático. Ao adentrar a sala de aula, lembrou-se da lição do velho mestre no primeiro dia de aula da faculdade: SE VOCÊ QUISER SER UM BOM, O MELHOR ADVOGADO, ESTUDE TODOS OS DIAS, TODO O TEMPO POSSÍVEL.

Esse conselho, que lhe acompanhava desde o início, estava adormecido, mas voltou com a força de uma erupção vulcânica. Sentia-se forte e esperançoso novamente, percebia que podia vencer o medo se amparando no seu velho e almejado sonho de, por meio do estudo, ultrapassar obstáculos. A chama do saber estava outra vez acesa.

Os dois últimos semestres da faculdade foram nessa batida, de um lado o temor de ser novamente sequestrado, o medo da violência, o qual, por outro lado, estava cada dia mais sufocado pela esperança de conseguir alcançar um sonho. O empenho nos estudos ficou cada vez mais intenso, e se ficava com a cabeça livre para pensar de forma negativa, procurava manter a mente sempre ocupada com os estudos da faculdade e da doutrina Espírita.

6.2 – Do Tratamento Psicológico Aliado ao Tratamento Espiritual

Aliado ao bem que a volta aos estudos fez, em reacendendo a chama da esperança, o tratamento psicológico que começou ajudou muito o jovem a superar o receio que sentia e abrir as grades da prisão em que vivia.

Um dia por semana o jovem rigorosamente enfrentava sua sessão de análise. No consultório do Centro de Psicologia da Universidade Federal do Ceará, uma estudante supervisionada por uma professora, tratava as mazelas mentais daquela criatura.

No começo do tratamento tudo era desconfiança, o jovem não tinha convicção de que as sessões viessem a curá-lo, mas com muito esforço e determinação o paciente foi deixando se envolver pela terapêutica proposta e os resultados começaram a aparecer.

Aos poucos, as noites de sono voltaram a acontecer tranquilamente. Andar sozinho pela cidade, quando necessário, era sempre um desafio, mas toda semana, pelo menos em uma ocasião, o jovem tinha oportunidade de trabalhar esse medo. Fazia questão, por exemplo, de ir e voltar andando de sua casa até o consultório da psicóloga; dessa forma ia se fortalecendo e afastando o medo de conviver com pessoas desconhecidas.

Esse era o maior receio, quando se encontrava em meio a pessoas desconhecidas, o medo ficava mais latente. O coração disparava, o suor aumentava, tentava formular em sua mente frases mentais para se acalmar. Mesmo não transparecendo, a sensação vivida nesses instantes era das mais aterrorizantes. Esse era o problema, precisava tratá-lo.

Sua tia-mãe localizou próximo a sua residência um centro Espírita, já que o centro Espírita que o jovem liberto costumava frequentar ficava muito distante da sua nova morada.

Naquela casa de luz passou a fazer um tratamento à base de passes magnetizadores, água fluidificada e a prática do Evangelho no Lar, além de assistir a muitas reuniões na casa Espírita.

As emoções e os sentimentos estavam se fortalecendo com o tratamento psicológico e com a convicção religiosa fortalecida pelo tratamento do centro Espírita. Essas duas vertentes, aliadas a muita boa vontade em querer melhorar, traziam visíveis sinais de adiantamento para a libertação do cárcere mental.

A psicologia levou o jovem a uma intensa viagem interior, fazendo-o perceber que era um ser feito de um conjunto de qualidades e defeitos, e assim até compreender que seu maior medo estava dentro de si mesmo. Diante da síndrome da vitimização que sofria, em um primeiro momento, questionou a Deus: "Por que comigo?".

A consolação veio por meio dos ensinos Espíritas, quando foi apresentado a um Deus misericordioso e não castigador, o que lhe fez entender que, se nada é por acaso e se Deus não é injusto, todo o sofrimento pelo qual passava era necessário para aprender a ser uma pessoa melhor, corrigindo seus defeitos.

Foi então que chegou à seguinte constatação:

– Essa é minha grande oportunidade de melhorar, já sei qual o meu medo e o melhor tratamento é enfrentá-lo. Somente conhecendo o tamanho desse medo que carrego em mim é que poderei detectar maneiras de vencê-lo.

Assim começou a fazer alguns exercícios, propostos por ele mesmo, a fim de superar o trauma:

1º – Tentar andar sozinho em meio a pessoas desconhecidas.
2º – Viajar sozinho.
3º – Dormir sozinho em sua residência.

Quando tinha possibilidade e se achava forte para realizar, fazia os exercícios propostos, e dessa forma, aos poucos, diante de muitas dificuldades, entre avanços e recuos, foi trabalhando em si o medo, se fortalecendo a ponto de conviver com o receio e dominá-lo.

6.3 – Do Término da Faculdade e da Concretização do Sonho

O décimo semestre chegara! A temida monografia já havia sido escrita, a defesa foi realizada com sucesso e desenvoltura, o que resultou na aprovação. Faltavam apenas as últimas provas para a tão sonhada colação de grau.

Era o último esforço, precisava de total concentração para o estudo das matérias finais.

O último dia de provas, como não poderia deixar de ser, foi emocionante. Ao sentar-se naquela cadeira para a realização do exame, tentou não pensar muito que aquele era o último, para não atrapalhar na concentração. Com o mesmo empenho e dedicação com que fez a primeira, realizou a última, convicto de que tinha feito um excelente teste e que teria alcançado a nota necessária para a aprovação final. Entregou a prova ao professor e disse:

– Muito obrigado, professor, por todos os ensinamentos. Adeus! Professor, até qualquer dia, quando, quem sabe, nos encontraremos nas pelejas jurídicas da vida.

Saiu da faculdade acompanhado de seus dois amigos, e ao chegar a sua casa não conseguiu conter as lágrimas, mesmo antes de descer do carro, já foi se despedindo de seus amigos com os olhos marejados. Agradeceu à ajuda dispensada, ao incentivo contínuo e partiu em direção ao seu apartamento. Nesse dia, exatamente nesse dia, sua mãe e seu pai estavam em Fortaleza; já era tarde, cerca de 11 horas da noite, quando o jovem abriu a porta da sua morada e, chorando copiosamente, foi recebido por sua mãe, que lhe perguntou:

– Aconteceu alguma coisa?

O filho, entre choro e sorrisos, disse:

– Minha mãe, eu consegui! Estou formado! Realizei meu sonho de me tornar advogado. Obrigado por tudo e me desculpe por não segurar a emoção, é porque tive de me esforçar muito para vencer a prisão que criei para mim mesmo, dentro do medo mental que sentia de ser novamente sequestrado.

A vitória chegou e o sonho da formatura foi a chave que libertou o jovem da sua prisão mental. Essa batalha foi vencida, mas a vida não termina, nem se resume a uma única batalha. Muitas ainda virão e todas irão requerer esforço e aprendizado. Tenha certeza de que a vida é um eterno aprendizado e os verdadeiros aprendizes encontram professores em todos os lugares, na convicção de quem aprende está a de ensinar, e quem ensina só repassa os aprendizados que já obteve.

Ninguém ensina o que não sabe; por isso todos precisamos aprender, e Deus possibilita, pela vida, todos os aprendizados necessários para cada um de seus filhos.

Capítulo VII
Das conclusões

7.1 – Conclusão do Autor

Esta é a história de um jovem que, desde o início da presente narrativa, lutou contra as limitações que a vida lhe impôs ou contra as que ele mesmo se impunha.

Tinha o sonho de se formar advogado, teve de superar os medos pessoais e conseguir deixar sua pequena cidade para morar em uma grande metrópole, enfrentando solidão, saudades dos familiares e, principalmente, necessitando acreditar em si mesmo, acreditar que podia, que tinha capacidade para se tornar um excelente profissional.

A vida se sucede em vários desafios e obstáculos. Os medos iniciais foram superados, a faculdade estava indo muito bem, quando uma segunda prova veio, a da doença da visão material, que quase chegou a impedir seus estudos, o tratamento do corpo físico, aliado à sua boa vontade, trouxe o alívio dessa doença e possibilitou o avançar da sua vivência em busca do sonho da formatura.

Quando pensava já ter superado seu grande obstáculo, uma prova maior ainda surgiu quando foi sequestrado, situação extrema que deixou traumas. Após a libertação do cárcere material, o jovem personagem deste texto viu-se aprisionado em seu medo, um cárcere mental, refém de seus traumas.

O farol que o norteou à libertação mental foi o sonho de ser advogado. Nessa quimera, encontrou a força para superar os receios e concretizar conquistas.

O personagem deste relato é real.

Mas você, leitor, que compartilhou conosco desta história, sentiu que em sua vida esse conto é real ou fictício? Será que em nossas vidas temos medos tamanhos que nos aprisionam em nós mesmos? Será que nós nos limitamos?

A verdade é que nenhuma vida é vivida sem desafios, obstáculos, problemas, medos, receios. Os sonhos também estão sempre presentes, em todos os momentos sonhamos com algo melhor.

A imaginação pode impulsioná-lo a superar obstáculos? Quais são seus sonhos? O que é necessário para torná-los reais?

A grande batalha, o grande desafio é entre cada um consigo mesmo.

Em alguns momentos deste texto, o jovem em meio à dificuldade se encontrou consigo. No instante em que temeu não conseguir concluir o curso de Direito e ser um bom profissional, ele encontrou em si todas as possibilidades para alcançar seus objetivos.

E quando não nos encontramos, o que fazer?

O pior foi logo após a violência sofrida. Diante do trauma ele não se reconheceu, passou a sentir algo que jamais imaginou carregar dentro de si. Sentia medo de ser sequestrado novamente, mas não era qualquer medo, como tantos outros que já havia sentido ao longo de toda sua vida. Era um receio sufocante, limitante, que na verdade traduzia-se em uma prisão de pensamentos.

Se você não consegue pensar, consequentemente, não irá entender o mundo ao seu redor, e o mais grave: não conseguirá se perceber, se reconhecer como individualidade. Essa é a maior das prisões.

A consciência nos leva à liberdade ou à prisão. Sem pensar, não despertamos a consciência para nos compreender como indivíduos repletos de defeitos e qualidades. E sem esse entendimento estaremos encarcerados.

Pensando de forma livre, exercitaremos essa liberdade a ponto de chegarmos ao autoconhecimento, sendo aí que reside a libertação. Se me compreendo, sei dos meus defeitos e tento me aprimorar utilizando minhas qualidades, e aprendo a ser melhor, cada dia mais, até chegar a enxergar o próximo desejando para ele o que quero para mim.

Liberdade plena é amar incondicionalmente, como Jesus fez. Só assim, nem o ódio, nem o rancor, nem o medo poderão nos aprisionar.

7.2 – Conclusão do Leitor

Chegamos ao final da leitura. Então, gostou do livro? Quais as suas impressões a respeito desta história? As páginas deste breve romance o levaram à reflexão?

De que é feito um livro?

Um livro não é formado apenas de papel, conteúdo e autor, mas principalmente de leitores.

De que vale uma leitura se o leitor não tirar suas próprias conclusões? As palavras dispostas de forma concatenada formam ideias, mas de quem são essas ideias?

Inicialmente do autor, podemos concluir. Mas o leitor, no transcorrer da leitura, se apodera dela, para tirar suas próprias conclusões, e é isso que queremos saber: quais as suas conclusões?

Na Introdução, sugerimos que pesquisassem no dicionário o significado das palavras que compõem o título deste livro: *Liberto do Cárcere*. Quem pesquisou?

Permitam-me transcrever as mesmas ideias colocadas no início desta narrativa, que dizem o seguinte:

"Cada palavra tem seu exato significado de acordo com o sentir de cada pessoa, por isso, sugeri que cada leitor fizesse sua própria pesquisa no dicionário".

"As respostas que este livro apresentará dependem dos sentimentos. Vamos passar, então, aos motivos criadores dessas perguntas para melhor entender as respostas".

"As melhores respostas sempre serão as que provêm exclusivamente do coração, desde que esse coração seja abrigo de boa vontade dos resíduos dos bons sentimentos".

Agora, vamos abrir o dicionário do coração e cada um irá responder, com a maior sinceridade possível, aos questionamentos. Só você tem acesso a essas respostas; o leitor agora é escritor, o livro é seu espírito, no emaranhado de sentimentos que habitam o seu ser, deve escolher as respostas corretas que irão ajudá-lo a se conhecer melhor. E a partir daí, enfrentar suas dificuldades e seus vícios, consequentemente, conseguir o aperfeiçoamento.

1 – Você se encontra preso a um cárcere?

2 – Preso a quê? A alguma coisa? A Alguém? A algum sentimento ou lembrança?

3 – Como fazer para se libertar?

4 – Formule uma frase: liberto do cárcere é...

Essa frase pode ajudá-lo a ultrapassar suas dificuldades. Não se prenda à beleza, não procure formular frases para outros leitores além de si mesmo.

Lembre-se sempre da frase anterior. O leitor agora é autor, mas autor de um único leitor, e o mais importante de todos eles, você mesmo, aprenda a se ler. Mesmo que essa leitura não seja tão agradável quanto gostaria que fosse, permaneça lendo, prime pela sinceridade, é ela que te fará reconhecer a si mesmo.

A liberdade só virá, verdadeiramente, se cada um de nós conseguir reconhecer qual o nosso maior sonho. Esse sonho é legítimo ou sonhamos os sonhos dos outros?

Pense! O pensamento tem o condão de libertá-lo de qualquer cárcere, seja ele físico ou mental. Por isso o nosso maior sonho deve ser sempre a liberdade de pensamento.

Fim do Livro.
Continue Refletindo!

MADRAS® Editora
CADASTRO/MALA DIRETA

Envie este cadastro preenchido e passará a receber informações dos nossos lançamentos, nas áreas que determinar.

Nome _____
RG _____ CPF _____
Endereço Residencial _____
Bairro _____ Cidade _____ Estado ____
CEP _____ Fone _____
E-mail _____
Sexo ❏ Fem. ❏ Masc.   Nascimento _____
Profissão _____ Escolaridade (Nível/Curso) _____

Você compra livros:
❏ livrarias   ❏ feiras   ❏ telefone   ❏ Sedex livro (reembolso postal mais rápido)
❏ outros: _____

Quais os tipos de literatura que você lê:
❏ Jurídicos   ❏ Pedagogia   ❏ Business   ❏ Romances/espíritas
❏ Esoterismo ❏ Psicologia ❏ Saúde   ❏ Espíritas/doutrinas
❏ Bruxaria   ❏ Autoajuda   ❏ Maçonaria ❏ Outros:

Qual a sua opinião a respeito desta obra? _____
_____

Indique amigos que gostariam de receber MALA DIRETA:
Nome _____
Endereço Residencial _____
Bairro _____ Cidade _____ CEP _____

Nome do livro adquirido: <u>Liberto do Cárcere</u>

Para receber catálogos, lista de preços e outras informações, escreva para:

MADRAS EDITORA LTDA.
Rua Paulo Gonçalves, 88 – Santana – 02403-020 – São Paulo/SP
Caixa Postal 12183 – CEP 02013-970 – SP
Tel.: (11) 2281-5555 – Fax.:(11) 2959-3090
www.madras.com.br

MADRAS® Editora

Para mais informações sobre a Madras Editora,
sua história no mercado editorial
e seu catálogo de títulos publicados:

Entre e cadastre-se no site:

www.madras.com.br

Para mensagens, parcerias, sugestões e dúvidas, mande-nos um e-mail:

marketing@madras.com.br

SAIBA MAIS

Saiba mais sobre nossos lançamentos,
autores e eventos seguindo-nos no facebook e twitter:

@madrased

/madraseditora